2021年版

中検3級
試験問題

[第100・101・102回]
解答と解説

一般財団法人
日本中国語検定協会 編

白帝社

音声ファイルダウンロードについて

■ 『中検 3 級試験問題 2021［100・101・102 回］』の音声ファイル（MP3）を無料でダウンロードすることができます。
下記サイトにアクセスしてください。

http://www.hakuteisha.co.jp/audio/chuken/3-2021.html

■ 本文中の ⚪ マークの箇所が音声ファイル（MP3）提供箇所です。
ファイルは ZIP 形式で圧縮された形でダウンロードされます。
会場での受験上の注意を収録したトラック 01，02，44 の番号は，本書「問題」部分には記していません。

■ スマートフォンで音声ダウンロードと再生を行う場合の参考情報は，p.iv をご覧ください。

■ 本書と音声は著作権法で保護されています。

ご注意

＊ 音声の再生には，MP3 ファイルが再生できる機器などが別途必要です。

＊ ご使用機器，音声再生ソフトに関する技術的なご質問は，ハードメーカー，ソフトメーカーにお問い合わせください。

音声ダウンロードファイルをご利用できない場合は CD をお送りします。
葉書あるいはメールに必要事項（①『中検 3 級試験問題 2021［100・101・102 回］』の CD 希望，②お送り先の住所，③氏名）を明記の上，下記宛にお申し込みください。

171-0014 東京都豊島区池袋 2-65-1　白帝社 CD 係
info@hakuteisha.co.jp

まえがき

　私たちの協会はこれまで各回の試験が終わるごとに級別に試験問題の「解答解説」を発行し，また年度ごとに3回の試験問題と解答解説を合訂した「年度版」を公表してきました。これらは検定試験受験者だけでなく，広く中国語学習者や中国語教育に携わる先生方からも，大きな歓迎を受けてきましたが，ただ主として予約による直接購入制であったため，入手しにくいので一般の書店でも購入できるようにしてほしいという声が多く受験者や学習者から寄せられていました。

　その要望に応えるため，各回版と年度版のうち，「年度版」の発行を2013年度実施分より中国語テキストや参考書の発行に長い歴史と実績を有する白帝社に委ねることにしました。「各回版」の方は速報性が求められ，試験終了後直ちに発行しなければならないという制約を有するため，なお当面はこれまでどおり協会が発行し，直接取り扱うこととします。

　本書の内容は，回ごとに出題委員会が作成する解答と解説に準じていますが，各回版刊行後に気づいた不備，回ごとの解説の粗密や記述体裁の不統一を調整するとともに，問題ごとに出題のねらいや正解を導くための手順を詳しく示すなど，より学習しやすいものになるよう配慮しました。

　本書を丹念に読むことによって，自らの中国語学習における不十分なところを発見し，新しい学習方向を定めるのに役立つものと信じています。中国語学習者のみなさんが，受験準備のためだけでなく，自らの学力を確認するための目安として本書を有効に活用し，学習効果の向上を図られることを願っています。

2021年5月

一般財団法人 日本中国検定協会

i

本書について

　本書は，日本中国語検定協会が 2020 年度に実施した第 100 回（2020 年 6 月），第 101 回（2020 年 11 月），第 102 回（2021 年 3 月）中国語検定試験の問題とそれに対する解答と解説を，実施回ごとに分けて収めたものです。リスニング問題の音声はダウンロードして聴くことができます。

問　題

・試験会場で配布される状態のものに，音声のトラック番号を 03 のように加えています。ただし，会場での受験上の注意を収録した各回のトラック 01，02，44 は記していません。

解答と解説

・問題の最初に，出題のポイントや正解を導くための手順を簡潔に示しています。

・4 択式の解答は白抜き数字❶❷❸❹で，記述式の解答は太字で示しています。解説は問題ごとに　　　内に示しています。

・長文問題の右側の数字は，5 行ごとの行数を示しています。

・リスニングの長文聴解や，筆記の長文読解の文章中の解答部分，あるいは解答を導く手掛かりとなる箇所には破線____のアンダーラインを施しています。

・準 4 級・4 級・3 級の問題文と選択肢の文すべて（一部誤答は除く）にピンインと日本語訳例を付し，リスニング問題にはピンインと漢字表記および日本語訳を付けています。

・ピンイン表記は原則として《现代汉语词典 第 7 版》に従っていますが，"不""一"の声調は変調したものを示しています。

　"没有"は動詞は méiyǒu，副詞は méiyou のように表記しています。

　軽声と非軽声の 2 通りの発音がある場合は，原則として軽声の方を採用しています。例："打算 dǎ·suàn" は dǎsuan，"父亲 fù·qīn" は fùqin，"因为 yīn·wèi" は yīnwei。

　方向補語は次の例のように表記しています。

動詞"起"が方向補語"来"を伴う場合の可能・不可能形:"来"は非軽声。

　　起来 qǐlai　　　⇨　　起得来 qǐdelái　　起不来 qǐbulái

　　（起き上がる）　　　　（起き上がれる）　　（起き上がれない）

動詞"赶"が方向補語"上"を伴う場合の可能・不可能形:"上"は非軽声。

　　赶上 gǎnshang　　⇨　　赶得上 gǎndeshàng　　赶不上 gǎnbushàng

　　（追いつく）　　　　　（追いつける）　　　（追いつけない）

複合方向補語"起来"を伴う動詞"拿"の可能・不可能形:"起来"は非軽声。

　　拿起来 náqilai　　⇨　　拿得起来 nádeqǐlái　　拿不起来 nábuqǐlái

　　（手に取る）　　　　　（手に取れる）　　　（手に取れない）

複合方向補語"起来"の"起"と"来"の間に目的語が置かれる場合:"起"は非軽声,"来"は軽声。

　　拿起书来 náqǐ shū lai　⇨　拿得起书来 nádeqǐ shū lai

　　（本を手に取る）　　　　　（本を手に取れる）

　　　　　　　　　　　　　　拿不起书来 nábuqǐ shū lai

　　　　　　　　　　　　　　（本を手に取れない）

"上来、上去、下来、下去、出来、出去"等はすべて上の例にならう。

・品詞名と術語は次のとおりです。

　　名詞　　　動詞　　　助動詞　　　形容詞　　　数詞　　　量詞（＝助数詞）

　　数量詞（数詞＋量詞）　　代詞（名詞・動詞・形容詞・数量詞・副詞に代わる語）　　擬声詞（＝擬声語・擬態語）　　副詞　　　介詞（＝前置詞）

　　連詞（＝接続詞）　　　助詞　　嘆詞（＝感動詞）　　接頭辞　　接尾辞

　　中国語の"状语"は状況語（連用修飾語），"定语"は限定語（連体修飾語）としています。

・音声のトラック番号は，03 のように示し，繰り返しのものを割愛しています。

解答用紙見本

・巻末にマークシート式の解答用紙の見本（70％縮小）があります。記入欄を間違えないように，解答欄の並び方を確認しましょう。

http://www.hakuteisha.co.jp/audio/chuken/3-2021.html

・iPhone で Clipbox（解凍用アプリ）を使う場合

① App Store から Clipbox Zip をダウンロードします。

② QR コードリーダーで QR コードを読み取ります。
URL を入力する場合は，Clipbox Zip を起動し，「ブラウザ」を選択し入力します。

③ ダウンロードしたいものを選択（タッチ）します。通信環境により，ダウンロード完了までに 15 分以上かかる場合があります。

④ 「Clipbox Zip にコピー」を選択→出てきた Zip を選択→「解凍します」を選択。

⑤ 聞きたいトラック番号を選択して，音声を再生します。

・iPhone で Easy Zip（解凍用アプリ）を使う場合

① App Store から Easy Zip をダウンロードします。

② QR コードリーダーで QR コードを読み取ります。
URL を入力する場合は，Easy Zip を起動し，「ブラウザ」を選択し入力します。

③ ダウンロードしたいものを選択（タッチ）します。通信環境により，ダウンロード完了までに 15 分以上かかる場合があります。

④ 「"Easy Zip"で開く」を選択→出てきた Zip を選択→「解凍します」を選択。黄色いフォルダが作成されます。

⑤ 聞きたいトラック番号を選択して，音声を再生します。

・Android で Clipbox+（解凍用アプリ）を使う場合

① Play ストアから Clipbox+ をダウンロードします。

② QR コードリーダーで QR コードを読み取り，Clipbox+ を使用して音声ダウンロードページを開きます。URL を入力する場合は，Clipbox+ を起動し，「クリップ」→「ブラウザ」を選択し入力します。

③ ダウンロードしたいものを選択（タッチ）します。

④ 「クリップ」→「OK」（→「キャンセル」）を選択します。画面上で変化はありませんが，ダウンロードが始まっています。通信環境により，ダウンロード完了までに 15 分以上かかる場合があります。

⑤ 左上の「＜ ブラウザ」をタッチして TOP に戻り，保存場所（通常は「マイコレクション」）を選択します。③で選択した Zip が無い場合，まだダウンロードが完了していません。完了すると Zip が現れます。

⑥ Zip を選択すると「解凍しますか」が表示され，「OK」を選択すると，解凍された mp3 ファイルが現れます。

⑦ 聞きたいトラック番号を選択して，音声を再生します。

目　次

第100回
(2020年6月)

問　題

　　解答時間：計100分

　　配点：リスニング100点，筆記100点

解答と解説

03 **1** 1. (1)～(5)の問いを聞き，答えとして最も適当なものを，それぞれ①～④の中から
1つ選び，その番号を解答欄にマークしなさい。 （25点）

04 (1)
    ①   ②   ③   ④

05 (2)
    ①   ②   ③   ④

06 (3)
    ①   ②   ③   ④

07 (4)
    ①   ②   ③   ④

08 (5)
    ①   ②   ③   ④

09 2. (6)～(10)のAとBの対話を聞き，Bの発話に続くAのことばとして最も適当なも
のを，それぞれ①～④の中から1つ選び，その番号を解答欄にマークしなさい。

（25点）

10 (6)
    ①   ②   ③   ④

11 (7)
    ①   ②   ③   ④

12 (8)
    ①   ②   ③   ④

13 (9)
    ①   ②   ③   ④

14 (10)
    ①   ②   ③   ④

15 **2** 中国語を聞き，(1)～(10)の問いの答えとして最も適当なものを，それぞれ①～④の中から1つ選び，その番号を解答欄にマークしなさい。 (50点)

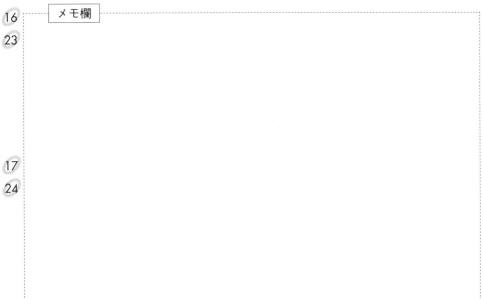

┌─────────┐
│ メモ欄 │
└─────────┘

16
23

17
24

(1)～(5)の問いは音声のみで，文字の印刷はありません。

18
25 (1)
　　　①　　　　　　②　　　　　　③　　　　　　④

19
26 (2)
　　　①　　　　　　②　　　　　　③　　　　　　④

20
27 (3)
　　　①　　　　　　②　　　　　　③　　　　　　④

21
28 (4)
　　　①　　　　　　②　　　　　　③　　　　　　④

22
29 (5)
　　　①　　　　　　②　　　　　　③　　　　　　④

3

30
37

31
38

32　(6) 我是什么时候来天津的?

39　　①　　　　　　　②　　　　　　　　③　　　　　　　　④

33　(7) 刚到天津时，我为什么生病?

40　　①　　　　　　　②　　　　　　　　③　　　　　　　　④

34　(8) 我上街为什么不带钱?

41　　①　　　　　　　②　　　　　　　　③　　　　　　　　④

35　(9) 天津公共汽车的车票多少钱?

42　　①　　　　　　　②　　　　　　　　③　　　　　　　　④

36　(10) 我参加了什么俱乐部?

43　　①　　　　　　　②　　　　　　　　③　　　　　　　　④

筆　記 （⇨解答と解説21頁）

1　1. (1)～(5)の中国語と声調の組み合わせが同じものを，それぞれ①～④の中から1
つ選び，その番号を解答欄にマークしなさい。 　　　　　　　　　　　　(10点)

(1) 从来　　　① 零钱　　② 进行　　③ 练习　　④ 空调

(2) 通知　　　① 航班　　② 高兴　　③ 刮风　　④ 生气

(3) 快乐　　　① 体育　　② 护照　　③ 活动　　④ 总是

(4) 许多　　　① 主要　　② 冰箱　　③ 铅笔　　④ 北方

(5) 难过　　　① 化学　　② 好像　　③ 条件　　④ 散步

2. (6)～(10)の中国語の正しいピンイン表記を，それぞれ①～④の中から1つ選び，
その番号を解答欄にマークしなさい。 　　　　　　　　　　　　(10点)

(6) 经济　　① jīngqí　② jīnjì　③ jīngjì　④ jìnqí

(7) 了解　　① liǎoxiè　② liǎojiě　③ liàngjiě　④ liàngxiè

(8) 实现　　① xíjiàn　② shíxiàn　③ xíxiàn　④ shíjiàn

(9) 准备　　① zhǔnbì　② jūnbì　③ jūnbèi　④ zhǔnbèi

(10) 健康　　① jiànkāng　② jiànkān　③ jiānkāng　④ jiānkān

2 (1)～(10)の文の空欄を埋めるのに最も適当なものを，それぞれ①～④の中から1つ選び，その番号を解答欄にマークしなさい。

(20点)

(1) 这首歌非常好听，我听了好几（　　　　）。

① 道　　　　② 趟　　　　③ 顿　　　　④ 遍

(2) 为了预防感冒，（　　　　）常洗手。

① 应该　　　② 会　　　　③ 能　　　　④ 可能

(3) 外面很冷，你（　　　　）帽子去吧。

① 穿　　　　② 戴　　　　③ 配　　　　④ 用

(4) 公司要求我们，（　　　　）要学汉语，（　　　　）要学法语。

① 除了…以外…　② 因为…所以…　③ 虽然…但…　④ 不光…还…

(5) 这里的风景可真漂亮，好久没看（　　　　）这么漂亮的风景了。

① 好　　　　② 完　　　　③ 到　　　　④ 惯

(6) 出去的时候请把门关（　　　　）。

① 上　　　　② 起　　　　③ 下　　　　④ 来

(7) 他送给我的这个礼物，我一看（　　　　）非常喜欢。

① 就　　　　② 才　　　　③ 还　　　　④ 再

(8) 今天是 3 月 21 号，（　　　　）新学期开学只有 10 天了。

① 向　　　　② 离　　　　③ 从　　　　④ 对

(9) 我平时总是（　　　　）吃饭，（　　　　）看电视。

① 越…越…　② 一边…一边…　③ 有时…有时…　④ 又…又…

(10) 这几天太忙，没时间收拾房间，房间里很（　　　　）。

① 乱　　　　② 杂　　　　③ 空　　　　④ 多

3　1.⑴～⑸の日本語の意味に合う中国語を，それぞれ①～④の中から 1 つ選び，その番号を解答欄にマークしなさい。 (10 点)

⑴　わたしはあした空港へ友達を迎えに行きます。
　　①　我明天接朋友去机场。
　　②　我去机场明天接朋友。
　　③　我明天去机场接朋友。
　　④　我接朋友去机场明天。

⑵　彼はきのう本を 1 冊買って帰ってきた。
　　①　他昨天回来买一本书。
　　②　他昨天买回来一本书。
　　③　他昨天回来一本书买。
　　④　他昨天一本书买回来。

⑶　あなたはどこでそのパソコンを修理したのですか。
　　①　你是在哪儿修的那台电脑?
　　②　修的那台电脑你是在哪儿?
　　③　你修的那台电脑是在哪儿?
　　④　在哪儿你是修的那台电脑?

⑷　わたしの腕時計は彼のと同じくらい値段が高い。
　　①　我的手表贵和他的一样。
　　②　我的手表一样和他的贵。
　　③　我的手表和他的贵一样。
　　④　我的手表和他的一样贵。

⑸　木下さんは 3 か月に 1 度中国に行きます。
　　①　木下三个月一次去中国。
　　②　木下三个月去一次中国。
　　③　木下去一次中国三个月。
　　④　木下去中国一次三个月。

2. (6)～(10)の日本語の意味になるように，それぞれ①～④を並べ替えたとき，[　　　]内に入るものはどれか，その番号を解答欄にマークしなさい。　　　　　　　　(10点)

(6) これをお父さんに渡してください。

_____ _____ [　　　　　] _____你爸爸。

① 把　　　　　② 交给　　　　　③ 请　　　　　④ 这个

(7) わたしは疲れているので，何も食べたくありません。

我很累，_____ [　　　　　] _____ _____。

① 都　　　　　② 吃　　　　　③ 什么　　　　　④ 不想

(8) 彼ら2人は来たばかりで1か月もたたない。

他们俩[　　　　　] _____ _____ _____。

① 来　　　　　② 刚　　　　　③ 不到　　　　　④ 一个月

(9) 先生はわたしたちに辞書を引かせる。

老师_____ _____ [　　　　　] _____。

① 我们　　　　　② 查　　　　　③ 词典　　　　　④ 叫

(10) 充電器は誰かに借りて行かれた。

充电器_____ _____ _____ [　　　　　] 了。

① 借　　　　　② 被　　　　　③ 走　　　　　④ 人

4　次の文章を読み，(1)～(6)の問いの答えとして最も適当なものを，それぞれ①～④
の中から1つ選び，その番号を解答欄にマークしなさい。　(20点)

　　王献之是中国晋代有名的书法家王羲之的儿子。小的时候，他 □(1)□ 问父亲：“怎样才能把字写好？”父亲指着院子里的水池说：“要多写多练，你用水池里的水练习写字，把水用光了就知道了。”听了父亲的话，王献之 □(2)□ 决心刻苦练习。

　　他照着父亲的字一笔一画，一个字一个字地练习，整整练了两年，觉得已经写得不错了，就拿去给母亲看。他想， □(3)□ 母亲说像父亲的字了，他就给父亲看。可是母亲看了看说：“还不像你父亲的字。”他又努力练了两年，再拿给母亲看时，母亲仍然摇头说：“不像。”接着又练习了五年之后，他直接把字拿给父亲看。父亲对他说：“你要认真考虑字的结构，比方这个‘大’字，下面的空白太大了。”说完就 □(4)□ 毛笔在空白的地方点了一个点，把“大”变成了“太”字。

　　王献之又把这几年写的字拿给母亲看，母亲仔细看了三天才看完，最后说：“只有这一点像你父亲写的。”王献之惊呆了，原来母亲说的，正是“大”字下面的那一点！从那以后，王献之用心考虑字的结构，更加刻苦地练习，用光了水池里的水，终于 □(5)□ 父亲 □(5)□ ，成了有名的书法家。

(1) 空欄(1)を埋めるのに適当なものは，次のどれか。

　① 曾经　　　　　② 已经　　　　　③ 早已　　　　　④ 早就

(2) 空欄(2)を埋めるのに適当なものは，次のどれか。

　① 立　　　　　　② 定　　　　　　③ 用　　　　　　④ 下

(3) 空欄(3)を埋めるのに**適当でないもの**は，次のどれか。

　① 要是　　　　　② 假如　　　　　③ 因为　　　　　④ 如果

(4) 空欄(4)を埋めるのに適当なものは，次のどれか。

　① 由　　　　　　② 用　　　　　　③ 对　　　　　　④ 让

(5) 2か所の空欄(5)を埋めるのに適当なものは，次のどれか。

　① 和…一样　　② 跟…一起　　③ 与…同时　　④ 像…似的

(6) 本文の内容と一致するものは，次のどれか。

　① 父亲用光了水池里的水，才成了有名的书法家。

　② 王献之小的时候字写得很好。

　③ 练习写字不考虑字的结构不行。

　④ 母亲说父亲的"太"字写得好。

⑤ (1)～(5)の日本語を中国語に訳し，漢字（簡体字）で解答欄に書きなさい。
（漢字は崩したり略したりせずに書き，文中・文末には句読点や疑問符をつけること。）

（20点）

(1) わたしはきょうの宿題をやり終えました。

(2) 彼女は夜4時間テレビを見ました。

(3) 月曜日に西安の友達に手紙を書きます。

(4) あなたは誰と一緒に学校に来たのですか。

(5) 山田さんはわたしの姉より3歳年下です。

リスニング

1 会 話

解答：(1) ❷　(2) ❶　(3) ❹　(4) ❷　(5) ❸　(6) ❸　(7) ❸　(8) ❹　(9) ❷　(10) ❶

1. 日常会話でよく使われる問いに対し，正確に答えることができるかどうかを問うています。

(5点×5)

04 (1) 問：今天晚上你想吃什么?
　　　Jīntiān wǎnshang nǐ xiǎng chī shénme?

今晩あなたは何を食べたいですか。

　　　答：① 每天晚上我都去散步。
　　　　　Měi tiān wǎnshang wǒ dōu qù sànbù.

毎晩わたしは散歩に行きます。

　　　　　❷ 今天晚上我想吃面条儿。
　　　　　Jīntiān wǎnshang wǒ xiǎng chī miàntiáor.

今晩わたしは麺を食べたいです。

　　　　　③ 明天晚上我们吃饺子吧。
　　　　　Míngtiān wǎnshang wǒmen chī jiǎozi ba.

あすの夜わたしたちはギョーザを食べましょう。

　　　　　④ 每天早上我都吃面包。
　　　　　Měi tiān zǎoshang wǒ dōu chī miànbāo.

毎朝わたしはパンを食べます。

05 (2) 問：他网球打得怎么样?
　　　Tā wǎngqiú dǎde zěnmeyàng?

彼のテニスの腕前はどうですか。

　　　答：❶ 他打得还不错。
　　　　　Tā dǎde hái búcuò.

彼はまあ上手なほうです。

　　　　　② 他最近没打棒球。
　　　　　Tā zuìjìn méi dǎ bàngqiú.

彼は最近野球をしていません。

　　　　　③ 我觉得打网球很有意思。
　　　　　Wǒ juéde dǎ wǎngqiú hěn yǒu yìsi.

わたしはテニスは面白いと思います。

　　　　　④ 他打棒球打得很好。
　　　　　Tā dǎ bàngqiú dǎde hěn hǎo.

彼は野球が上手です。

06 (3) 問：这是什么茶? 真好喝!
　　　Zhè shì shénme chá? Zhēn hǎohē!

これは何のお茶ですか。本当においしいですね。

11

答：① 你不知道哇？这是我画的。
　　　Nǐ bù zhīdào wa? Zhè shì wǒ huà de.

知らないのですか。これはわたしが描いたものです。

　　② 你没看过吗？这是樱花。
　　　Nǐ méi kànguo ma? Zhè shì yīnghuā.

あなたは見たことがないのですか。これは桜の花です。

　　③ 你不知道吗？这是她的茶杯。
　　　Nǐ bù zhīdào ma? Zhè shì tā de chábēi.

知らないのですか。これは彼女の湯呑みです。

　❹ 你没喝过吗？这是茉莉花茶。
　　　Nǐ méi hēguo ma? Zhè shì mòlihuāchá.

飲んだことがないのですか。これはジャスミン茶です。

07 (4) 问：从你家到学校要多长时间？ Cóng nǐ jiā dào xuéxiào yào duō cháng shíjiān?

家から学校までどれくらい時間がかかりますか。

答：① 从他家到学校很远。
　　　Cóng tā jiā dào xuéxiào hěn yuǎn.

彼の家から学校までは遠いです。

　❷ 大概要半个小时。
　　　Dàgài yào bàn ge xiǎoshí.

だいたい30分くらいかかります。

　　③ 我有时间就去学校。
　　　Wǒ yǒu shíjiān jiù qù xuéxiào.

わたしは時間があれば学校に行きます。

　　④ 大概五点左右。
　　　Dàgài wǔ diǎn zuǒyòu.

だいたい5時くらいです。

08 (5) 问：你能听懂他们说的话吗？
　　　Nǐ néng tīngdǒng tāmen shuō de huà ma?

彼らが話している話が聞いて分かりますか。

答：① 我的话他没听懂。
　　　Wǒ de huà tā méi tīngdǒng.

わたしの話を彼は聞いて分かりませんでした。

　　② 你刚才说的，我都能听懂。
　　　Nǐ gāngcái shuō de, wǒ dōu néng tīngdǒng.

あなたがさっき言ったことは，すべて聞いて分かりました。

　❸ 他们在说什么？我听不懂。
　　　Tāmen zài shuō shénme?
　　　Wǒ tīngbudǒng.

彼らは何を話しているのですか。わたしは聞いて分かりません。

　　④ 没听懂的话，我再说一遍。
　　　Méi tīngdǒng dehuà, wǒ zài shuō yí biàn.

聞いて分からなければ，もう一度言います。

2. 問いと答えだけで終わるのではなく，相手の答えに対してもう一度反応を示すことができるかどうかを問うています。 (5点 × 5)

10 (6) A：我打算暑假去中国旅游。 わたしは夏休みに中国へ旅行
Wǒ dǎsuan shǔjià qù Zhōngguó lǚyóu. に行くつもりです。

B：是吗，打算去几天? そうですか，何日間行くつも
Shì ma, dǎsuan qù jǐ tiān? りですか。

A：① 星期一出发。 月曜日に出発します。
Xīngqīyī chūfā.

② 对，就我一个人去。 はい，わたし一人で行きます。
Duì, jiù wǒ yí ge rén qù.

❸ 去一个星期。 1週間行きます。
Qù yí ge xīngqī.

④ 对，今天是第三天。 はい，きょうは3日目です。
Duì, jīntiān shì dì-sān tiān.

11 (7) A：请问，图书馆在哪儿? お尋ねしますが，図書館はど
Qǐngwèn, túshūguǎn zài nǎr? こにありますか。

B：在食堂旁边，可是今天休息。 食堂の隣にありますが，きょ
Zài shítáng pángbiān, kěshì jīntiān xiūxi. うは休みです。

A：① 谢谢，那我们赶快去吧。 ありがとう，ではわたしたち
Xièxie, nà wǒmen gǎnkuài qù ba. は急いで行きましょう。

② 图书馆今天几点关门? 図書館はきょう何時に閉まり
Túshūguǎn jīntiān jǐ diǎn guānmén? ますか。

❸ 谢谢，那我们明天再去。 ありがとう，ではわたしたち
Xièxie, nà wǒmen míngtiān zài qù. はあした行きます。

④ 没关系，我们明天还有别的事。 大丈夫です，わたしたちはあ
Méi guānxi, wǒmen míngtiān hái yǒu bié した別の用事があります。
de shì.

12 (8) A：我的爱好是游泳。 わたしの趣味は水泳です。
Wǒ de àihào shì yóuyǒng.

B：是从什么时候开始喜欢的? いつから好きになったのです
Shì cóng shénme shíhou kāishǐ xǐhuan de? か。

A：① 我是刚来的。　　　　　　　　わたしは来たばかりです。
　　　　Wǒ shì gāng lái de.

　　② 我是从去年开始学汉语的。　　わたしは去年から中国語の勉
　　　　Wǒ shì cóng qùnián kāishǐ xué Hànyǔ de.　強を始めました。

　　③ 她的爱好也是旅游。　　　　　彼女の趣味も旅行です。
　　　　Tā de àihào yě shì lǚyóu.

　　❹ 我从小就喜欢。　　　　　　　わたしは小さい頃から好きで
　　　　Wǒ cóngxiǎo jiù xǐhuan.　　　　す。

13 (9) A：请问，车站离这儿远吗？　　　すみません，駅はここから遠
　　　　Qǐngwèn, chēzhàn lí zhèr yuǎn ma?　いですか。

　　B：车站离这儿很近。　　　　　　駅はここからとても近いです。
　　　　Chēzhàn lí zhèr hěn jìn.

　　A：① 那你坐巴士去吧。　　　　　では，あなたはバスで行って
　　　　Nà nǐ zuò bāshì qù ba.　　　　ください。

　　❷ 那我走着去吧。　　　　　　では，わたしは歩いて行きま
　　　　Nà wǒ zǒuzhe qù ba.　　　　しょう。

　　③ 这儿离车站很远。　　　　　ここは駅からとても遠いです。
　　　　Zhèr lí chēzhàn hěn yuǎn.

　　④ 我站着吃吧。　　　　　　　わたしは立って食べましょう。
　　　　Wǒ zhànzhe chī ba.

14 (10) A：今天星期天，你怎么还去公司？　きょうは日曜日なのに，なぜ
　　　　Jīntiān xīngqītiān, nǐ zěnme hái qù gōngsī?　また会社に行くのですか。

　　B：我明天去台湾出差，得去公司准备一下。　あした台湾へ出張に行くので，
　　　　Wǒ míngtiān qù Táiwān chūchāi, děi qù　会社に行ってちょっと準備を
　　　　gōngsī zhǔnbèi yíxià.　　　　しなければなりません。

　　A：❶ 明天坐几点的飞机？　　　あした何時の飛行機に乗りま
　　　　Míngtiān zuò jǐ diǎn de fēijī?　すか。

　　② 今天坐几点的飞机？　　　きょう何時の飛行機に乗りま
　　　　Jīntiān zuò jǐ diǎn de fēijī?　すか。

　　③ 去了几天？　　　　　　　何日間行きましたか。
　　　　Qùle jǐ tiān?

④ 你是星期几回来的？
Nǐ shì xīngqī jǐ huílai de?

あなたは何曜日に帰ってきたのですか。

2 長文聴解

解答：(1)❸　(2)❹　(3)❶　(4)❷　(5)❶　(6)❸　(7)❷　(8)❹　(9)❶　(10)❸

(5点×5)

16 A：李洋，你毕业以后想干什么工作？

Lǐ Yáng, nǐ bìyè yǐhòu xiǎng gàn shénme gōngzuò?

B：(1)我想去高中当老师。

Wǒ xiǎng qù gāozhōng dāng lǎoshī.

A：当什么老师？

Dāng shénme lǎoshī?

B：我想当汉语老师。

Wǒ xiǎng dāng Hànyǔ lǎoshī.　5

A：你教过汉语吗？

Nǐ jiāoguo Hànyǔ ma?

B：(2)我在日本教过。去美国留学的时候也教过。

Wǒ zài Rìběn jiāoguo. Qù Měiguó liúxué de shíhou yě jiāoguo.

A：是在大学教的吗？

Shì zài dàxué jiāo de ma?

B：不是，(2)是在小学教的。

Bú shì, shì zài xiǎoxué jiāo de.　10

17 A：教美国小学生很难吧？

Jiāo Měiguó xiǎoxuéshēng hěn nán ba?

B：和日本不一样，教发音不难，(3)教汉字难。

Hé Rìběn bù yíyàng, jiāo fāyīn bù nán, jiāo Hànzì nán.

A：为什么呢？

Wèi shénme ne?

B：因为日本学生会写汉字，美国学生喜欢练习发音。

Yīnwei Rìběn xuésheng huì xiě Hànzì, Měiguó xuésheng xǐhuan liànxí fāyīn.　15

A：会话呢？

Huìhuà ne?

B：(4)两国的学生都想去中国旅行，所以都喜欢学习会话。

Liǎng guó de xuésheng dōu xiǎng qù Zhōngguó lǚxíng, suǒyǐ dōu xǐhuan xuéxí huìhuà.

20

A：语法怎么样？比较难教吧？

Yǔfǎ zěnmeyàng? Bǐjiào nán jiāo ba?

B：课本上有日语、英语和汉语的说明，(5)让学生们自己看就可以了。

Kèběn shang yǒu Rìyǔ, Yīngyǔ hé Hànyǔ de shuōmíng, ràng xuéshengmen zìjǐ kàn jiù kěyǐ le.

訳：

A：李洋さん，卒業したらどんな仕事をしたいですか。

B：(1)わたしは高校の先生になりたいです。

A：何の先生になるのですか。

B：中国語の先生になりたいのです。

A：中国語を教えたことはありますか。

B：(2)日本で教えたことがあります。アメリカに留学していた時も教えたことがあります。

A：大学で教えたのですか。

B：いいえ，(2)小学校で教えました。

A：アメリカの小学生に教えるのは難しかったでしょう？

B：日本と違って，発音を教えるのは難しくありませんが，(3)漢字を教えるのが難しかったです。

A：なぜですか。

B：日本の児童は漢字が書けますが，アメリカの児童は発音を練習するのが好きだからです。

A：会話は？

B：(4)両国の児童たちはみな中国へ旅行に行きたがっているので，みな会話を学ぶのが好きです。

A：文法はどうですか。教えるのはかなり難しいでしょう？

B：教科書には日本語，英語と中国語の説明があるので，(5)児童たちに自分で読ませたら，それで良いのです。

18 (1) 問：李洋毕业以后想干什么？　　　　李洋さんは卒業後何をしたい
　　　　Lǐ Yáng bìyè yǐhòu xiǎng gàn shénme?　と思っていますか。

　　答：① 想去美国留学。　　　　　　　　アメリカに留学に行きたい。
　　　　　Xiǎng qù Měiguó liúxué.

　　　　② 想当大学老师。　　　　　　　　大学の先生になりたい。
　　　　　Xiǎng dāng dàxué lǎoshī.

　　　　❸ 想当高中老师。　　　　　　　　高校の先生になりたい。
　　　　　Xiǎng dāng gāozhōng lǎoshī.

　　　　④ 想当小学老师。　　　　　　　　小学校の先生になりたい。
　　　　　Xiǎng dāng xiǎoxué lǎoshī.

19 (2) 問：李洋在哪儿教过汉语？

　　　　Lǐ Yáng zài nǎr jiāoguo Hànyǔ?

　　答：① 日本的大学。

　　　　　Rìběn de dàxué.

　　　② 美国的大学。

　　　　　Měiguó de dàxué.

　　　③ 日本和美国的高中。

　　　　　Rìběn hé Měiguó de gāozhōng.

　　　❹ 日本和美国的小学。

　　　　　Rìběn hé Měiguó de xiǎoxué.

李洋さんはどこで中国語を教えたことがありますか。

日本の大学。

アメリカの大学。

日本とアメリカの高校。

日本とアメリカの小学校。

20 (3) 問：在美国教汉语最难教的是什么？

　　　　Zài Měiguó jiāo Hànyǔ zuì nán jiāo de shì shénme?

　　答：❶ 汉字。Hànzì.

　　　② 语法。Yǔfǎ.

　　　③ 发音。Fāyīn.

　　　④ 会话。Huìhuà.

アメリカで中国語を教えるのに，一番教えるのが難しかったのは何ですか。

漢字。

文法。

発音。

会話。

21 (4) 問：为什么日本和美国的学生都喜欢学习会话？

　　　　Wèi shénme Rìběn hé Měiguó de xuésheng dōu xǐhuan xuéxí huìhuà?

　　答：① 因为日本学生会写汉字。

　　　　　Yīnwei Rìběn xuésheng huì xiě Hànzì.

　　　❷ 因为他们都想去中国旅行。

　　　　　Yīnwei tāmen dōu xiǎng qù Zhōngguó lǚxíng.

　　　③ 因为美国学生不喜欢练习发音。

　　　　　Yīnwei Měiguó xuésheng bù xǐhuan liànxí fāyīn.

　　　④ 因为他们都不想去中国留学。

　　　　　Yīnwei tāmen dōu bù xiǎng qù Zhōngguó liúxué.

なぜ日本とアメリカの児童はみな会話を勉強するのが好きなのですか。

日本人の児童は漢字を書けるから。

彼らはみな中国へ旅行に行きたいから。

アメリカ人の児童は発音を練習するのが好きではないから。

彼らはみな中国へ留学に行きたくないから。

17

22 (5) 問：李洋是怎么教语法的？　　　　李洋さんはどうやって文法を
　　　　Lǐ Yáng shì zěnme jiāo yǔfǎ de?　　教えたのですか。

　　答：❶ 让学生们自己看课本。　　　　児童たちに自分で教科書を読
　　　　　Ràng xuéshengmen zìjǐ kàn kèběn.　ませていた。

　　　② 用汉语和日语说明。　　　　　中国語と日本語で説明をして
　　　　Yòng Hànyǔ hé Rìyǔ shuōmíng.　いた。

　　　③ 用汉语说明。　　　　　　　　中国語で説明をしていた。
　　　　Yòng Hànyǔ shuōmíng.

　　　④ 用汉语和英语说明。　　　　　中国語と英語で説明をしてい
　　　　Yòng Hànyǔ hé Yīngyǔ shuōmíng.　た。

天津での留学生活1年半を振り返ります。　　　　　　　　　　(5点 × 5)

30　　(6)我离开家到天津来留学已经一年半了。刚来的时候，有点儿不适应这
里的生活，(7)特别是不习惯吃的东西，所以，有时候生病。但是，我身体好，
每次有病，吃点儿药，休息一下，马上就好了。现在，我不但已经完全习惯
了这里的生活，而且越来越喜欢这个城市了。

31　　在这里上街买东西，不用带钱，不论在大超市，还是在小商店，(8)都能 5
用手机付钱，非常方便。天津的交通也特别便利，车票也很便宜。(9)市内的
公共汽车不管坐多远，坐一次只要两块钱，坐一天车也只要十几块钱。所以，
我经常坐车到处走走看看，找机会练习汉语会话。

　　(10)我参加了学校的游泳俱乐部，还经常和同学们一起去卡拉 OK 唱中国
歌，一起去旅行。通过这些活动，我认识了很多中国朋友和世界各国的朋友。10

　　Wǒ líkāi jiā dào Tiānjīn lái liúxué yǐjīng yì nián bàn le. Gāng lái de shíhou,
yǒudiǎnr bú shìyìng zhèlǐ de shēnghuó, tèbié shì bù xíguàn chī de dōngxi, suǒyǐ, yǒu
shíhou shēngbìng. Dànshì, wǒ shēntǐ hǎo, měi cì yǒu bìng, chī diǎnr yào, xiūxi yíxià,
mǎshàng jiù hǎo le. Xiànzài, wǒ búdàn yǐjīng wánquán xíguànle zhèlǐ de shēnghuó,
érqiě yuè lái yuè xǐhuan zhège chéngshì le.

　　Zài zhèlǐ shàngjiē mǎi dōngxi, búyòng dài qián, búlùn zài dà chāoshì, háishi zài
xiǎo shāngdiàn, dōu néng yòng shǒujī fù qián, fēicháng fāngbiàn. Tiānjīn de jiāotōng
yě tèbié biànlì, chēpiào yě hěn piányi. Shìnèi de gōnggòng qìchē bùguǎn zuò duō
yuǎn, zuò yí cì zhǐ yào liǎng kuài qián, zuò yì tiān chē yě zhǐ yào shí jǐ kuài qián.
Suǒyǐ, wǒ jīngcháng zuò chē dàochù zǒuzou kànkan, zhǎo jīhuì liànxí Hànyǔ
huìhuà.

Wǒ cānjiāle xuéxiào de yóuyǒng jùlèbù, hái jīngcháng hé tóngxuémen yìqǐ qù kǎlā OK chàng Zhōngguó gē, yìqǐ qù lǚxíng. Tōngguò zhèxiē huódòng, wǒ rènshile hěn duō Zhōngguó péngyou hé shìjiè gè guó de péngyou.

訳：(6)わたしは家を離れ天津に留学に来てすでに1年半たちました。来たばかりの頃は，少しここの生活になじめず，(7)特に食べる物に慣れなかったので，病気になることもありました。しかしわたしは体が丈夫で，病気になる度に，薬を飲み，ちょっと休むとすぐに良くなりました。今では，すでにここの生活に完全に慣れたばかりか，この街がますます好きになってきました。

ここでは街に出て買い物をするのに，お金を持つ必要がないのです。大きなスーパーであれ，小さな店であれ，(8)スマホで支払うことができ，とても便利です。天津の交通も非常に便利で，切符も安い。(9)市内のバスはたとえどんなに遠くまで乗っても1回2元で，一日中乗っても10数元しかかかりません。だから，わたしはいつもバスでいろいろな所へ行ってみて，中国語を話す機会を探しています。

(10)わたしは学校の水泳クラブに参加しており，さらにいつも同級生たちと一緒にカラオケに行って中国の歌を歌ったり，一緒に旅行に行ったりしています。これらの活動を通じて，わたしは多くの中国人の友人や世界各国の友人と知り合いになりました。

32 (6) 問：我是什么时候来天津的？ わたしはいつ天津に来たのですか。
Wǒ shì shénme shíhou lái Tiānjīn de?

　答：① 半年以前。　Bàn nián yǐqián. 半年前。

　　　② 一年以前。　Yì nián yǐqián. 1年前。

　　　❸ 一年半以前。　Yì nián bàn yǐqián. 1年半前。

　　　④ 一个月以前。　Yí ge yuè yǐqián. 1か月前。

33 (7) 問：刚到天津时，我为什么生病？ 天津に来たばかりの時，わたしはなぜ病気になったのですか。
Gāng dào Tiānjīn shí, wǒ wèi shénme shēngbìng?

　答：① 因为身体不好。　Yīnwei shēntǐ bù hǎo. 体が丈夫でなかったから。

　　　❷ 因为吃的不习惯。 食べ物に慣れなかったから。
Yīnwei chī de bù xíguàn.

　　　③ 因为想家。　　Yīnwei xiǎng jiā. ホームシックになったから。

　　　④ 因为休息不好。　Yīnwei xiūxi bù hǎo. 十分に休まなかったから。

34 (8) 問：我上街为什么不带钱？
Wǒ shàngjiē wèi shénme bú dài qián?

わたしは出かける時になぜお金を持たないのですか。

答：① 因为我不去大超市。
Yīnwei wǒ bú qù dà chāoshì.

わたしは大きなスーパーに行かないから。

② 因为我不去小商店。
Yīnwei wǒ bú qù xiǎo shāngdiàn.

わたしは小さなお店に行かないから。

③ 因为我不买东西。
Yīnwei wǒ bù mǎi dōngxi.

わたしは買い物をしないから。

❹ 因为可以用手机付钱。
Yīnwei kěyǐ yòng shǒujī fù qián.

スマホで支払いができるから。

35 (9) 問：天津公共汽车的车票多少钱？ Tiānjīn
gōnggòng qìchē de chēpiào duōshao qián?

天津のバスの切符はいくらですか。

答：❶ 坐一次两块钱。
Zuò yí cì liǎng kuài qián.

1回乗って2元。

② 坐一次十几块钱。
Zuò yí cì shí jǐ kuài qián.

1回乗って10数元。

③ 坐一天两块钱。
Zuò yì tiān liǎng kuài qián.

1日乗って2元。

④ 坐一天几十块钱。
Zuò yì tiān jǐ shí kuài qián.

1日乗って数十元。

36 (10) 問：我参加了什么俱乐部？
Wǒ cānjiāle shénme jùlèbù?

わたしはどんなクラブ活動に参加していますか。

答：① 卡拉OK俱乐部。 Kǎlā OK jùlèbù.

カラオケクラブ。

② 旅行俱乐部。 Lǚxíng jùlèbù.

旅行クラブ。

❸ 游泳俱乐部。 Yóuyǒng jùlèbù.

水泳クラブ。

④ 汉语会话俱乐部。 Hànyǔ huìhuà jùlèbù.

中国語会話クラブ。

筆　記

ピンイン表記・声調

解答：(1)❶　(2)❸　(3)❷　(4)❹　(5)❸　(6)❸　(7)❷　(8)❷　(9)❹　(10)❶

．２音節の単語の声調パターンが身に付いているかどうかを問うています。単語を覚えるときは，漢字の書き方や意味だけでなしに声調もしっかり身に付けましょう。声調パターンは 97 頁の「２音節語の声調の組み合わせ」を繰り返し音読して身に付けましょう。

(2点×5)

(1) 从来 cónglái（これまで）
- ❶ 零钱 língqián　（小銭）
- ② 进行 jìnxíng　（行う）
- ③ 练习 liànxí　（練習する）
- ④ 空调 kōngtiáo　（エアコン）

(2) 通知 tōngzhī（通知する）
- ① 航班 hángbān　（飛行機や船の便）
- ② 高兴 gāoxìng　（うれしい）
- ❸ 刮风 guā fēng　（風が吹く）
- ④ 生气 shēngqì　（怒る）

(3) 快乐 kuàilè（楽しい）
- ① 体育 tǐyù　（体育）
- ❷ 护照 hùzhào　（パスポート）
- ③ 活动 huódòng　（活動する）
- ④ 总是 zǒngshì　（いつも）

(4) 许多 xǔduō（たくさん）
- ① 主要 zhǔyào　（主要な）
- ② 冰箱 bīngxiāng　（冷蔵庫）
- ③ 铅笔 qiānbǐ　（鉛筆）
- ❹ 北方 běifāng　（北方）

(5) 难过 nánguò（つらい）
- ① 化学 huàxué　（化学）
- ② 好像 hǎoxiàng　（まるで…のようだ）
- ❸ 条件 tiáojiàn　（条件）
- ④ 散步 sànbù　（散歩する）

0ージ右側縦書き：第100回　解答と解説　[筆記]

21

2. ピンインを正確に覚えているかどうかを問うています。正しく発音することが
できるかどうかは，ピンインによるチェックが効果的です。　　　　　　(2点×5)

(6) 经济（経済）

① jīngqí　　　② jīnjì　　　❸ jīngjì　　　④ jìnqí

(7) 了解（了解する）

① liǎoxiè　　　❷ liǎojiě　　　③ liàngjiě　　　④ liàngxiè

(8) 实现（実現する）

① xíjiàn　　　❷ shíxiàn　　　③ xíxiàn　　　④ shíjiàn

(9) 准备（準備する）

① zhǔnbì　　　② jūnbì　　　③ jūnbèi　　　❹ zhǔnbèi

(10) 健康（健康である）

❶ jiànkāng　　　② jiànkān　　　③ jiānkāng　　　④ jiānkān

---

2 空欄補充

解答：(1)❹　(2)❶　(3)❷　(4)❹　(5)❸　(6)❶　(7)❶　(8)❷　(9)❷　(10)❶

空欄に入る語はいずれも文法上のキーワードです。　　　　　　　　　(2点×10)

(1) 这首歌非常好听，我听了好几（遍）。　　この歌はとてもきれいなので，
Zhè shǒu gē fēicháng hǎotīng, wǒ tīngle hǎojǐ　わたしは何度も聴きました。
biàn.

① 道 dào　　　② 趟 tàng　　　③ 顿 dùn　　　❹ 遍 biàn

　　量詞の問題です。動作の回数を数える④が正解です。①は細長いもの，
②は往復する回数，③は食事などの回数を数えます。

(2) 为了预防感冒，（应该）常洗手。　　風邪を予防するために，常に手
Wèile yùfáng gǎnmào, yīnggāi cháng xǐ shǒu.　洗いをしなければならない。

❶ 应该 yīnggāi　　② 会 huì　　③ 能 néng　　④ 可能 kěnéng

　　「…しなければならない」という意味の①が正解です。②は「（練習し
て）…できる」，③は「（能力があって）…できる」，④は「…かもしれ
ない」という意味です。

22

⑶ 外面很冷，你（ 戴 ）帽子去吧。
Wàimiàn hěn lěng, nǐ dài màozi qù ba.

外は寒いので，帽子をかぶって行きなさい。

① 穿 chuān　❷ 戴 dài　③ 配 pèi　④ 用 yòng

「(帽子などを) かぶる」という意味の②が正解です。①は「(衣服を)着る，(靴などを) 履く」，③は「組み合わせる」，④は「用いる」という意味です。

⑷ 公司要求我们，（ 不光 ）要学汉语，（ 还 ）要学法语。
Gōngsī yāoqiú wǒmen, bùguāng yào xué Hànyǔ, hái yào xué Fǎyǔ.

会社は我々に中国語だけでなく，フランス語も学ぶよう要求しています。

① 除了…以外… chúle…yǐwài…　② 因为…所以… yīnwei…suǒyǐ…
③ 虽然…但… suīrán…dàn…　❹ 不光…还… bùguāng…hái…

「ただ…だけでなく，…も」という組み合わせの④が正解です。①は「…を除いて…」，②は「…なので…」という原因・理由，③は「…だけれども…」という逆接を表す語の組み合わせです。

⑸ 这里的风景可真漂亮，好久没看（ 到 ）这么漂亮的风景了。
Zhèli de fēngjǐng kě zhēn piàoliang, hǎojiǔ méi kàndào zhème piàoliang de fēngjǐng le.

ここの風景は本当にきれいで，長らくこんなにきれいな風景を見ていません。

① 好 hǎo　② 完 wán　❸ 到 dào　④ 惯 guàn

結果補語の問題です。動作が目的に到達したことを表す③が正解です。①は動作の結果が満足できること，②は動作が終わること，④はある動作をし慣れていることを表します。

⑹ 出去的时候请把门关（ 上 ）。
Chūqu de shíhou qǐng bǎ mén guānshàng.

出かけるときはドアを閉めてください。

❶ 上 shàng　② 起 qǐ　③ 下 xià　④ 来 lái

方向補語の問題です。分離しているものがぴったりくっついて離れないことを示す①が正解です。②は人や物が下から上の方向へ向かうこと，③は人や物が高い所から低い所へ下がること，④は話し手に近づくことを示します。

23

(7) 他送给我的这个礼物，我一看（　就　）非常
喜欢。

彼がわたしにくれたこのプレ
ゼントは，わたしは一目でと
ても気に入りました。

Tā sònggěi wǒ de zhège lǐwù, wǒ yí kàn jiù
fēicháng xǐhuan.

❶ 就 jiù　　　　② 才 cái　　　　③ 还 hái　　　　④ 再 zài

　"一…就…"で「…するとすぐに…」という意味になります。②は「よ
うやく」，③は「まだ，やはり」，④は「また，もう一度」という意味です。

(8) 今天是 3 月 21 号，（　离　）新学期开学只有
10 天了。

きょうは 3 月 21 日だ，新学
期が始まるまであと 10 日し
かない。

Jīntiān shì sānyuè èrshiyī hào, lí xīn xuéqī kāixué
zhǐ yǒu shí tiān le.

① 向 xiàng　　　❷ 离 lí　　　　③ 从 cóng　　　　④ 对 duì

　介詞の問題です。隔たりの基点を示す②が正解です。①は動作の向か
う方向，③は時間・場所の起点，④は動作の対象を示します。

(9) 我平时总是（　一边　）吃饭，（　一边　）看
电视。

わたしは日頃いつも食事をし
ながらテレビを見ます。

Wǒ píngshí zǒngshì yìbiān chī fàn, yìbiān kàn
diànshì.

① 越…越… yuè…yuè…　　　　❷ 一边…一边… yìbiān…yìbiān…

③ 有时…有时… yǒushí…yǒushí…　　④ 又…又… yòu…yòu…

　「…しながら…する」という組み合わせの②が正解です。①は「…す
ればするほど…」，③は「…するときもあれば…するときもある」，④は
「…でもあり…でもある」という意味です。

(10) 这几天太忙，没时间收拾房间，房间里很
（　乱　）。

ここ数日忙しすぎて，部屋を
片付ける時間がなく，部屋の
中が散らかっています。

Zhè jǐ tiān tài máng, méi shíjiān shōushi fángjiān,
fángjiān li hěn luàn.

❶ 乱 luàn　　　　② 杂 zá　　　　③ 空 kōng　　　　④ 多 duō

　「散らかっている」という意味の①が正解です。②は「入り混じって
いる」，③は「空っぽである」，④は「多い」という意味です。

3 語順選択

解答：(1) ❸ (2) ❷ (3) ❶ (4) ❹ (5) ❷ (6) ❹ (7) ❶ (8) ❷ (9) ❷ (10) ❸

1. 文法上のキーワードを含む基本的な文を正確に組み立てることができるかどうかを問うています。 (2点×5)

(1) わたしはあした空港へ友達を迎えに行きます。
　　① 我明天接朋友去机场。
　　② 我去机场明天接朋友。
　　❸ 我明天去机场接朋友。Wǒ míngtiān qù jīchǎng jiē péngyou.
　　④ 我接朋友去机场明天。

　　　「空港へ友達を迎えに行く」は"去机场接朋友"です。時間を表す"明天"は主語"我"の後ろに置きます。

(2) 彼はきのう本を1冊買って帰ってきた。
　　① 他昨天回来买一本书。
　　❷ 他昨天买回来一本书。Tā zuótiān mǎihuílai yì běn shū.
　　③ 他昨天回来一本书买。
　　④ 他昨天一本书买回来。

　　　「買って帰って来る」は"买回来"，目的語"一本书"はその後に置きます。

(3) あなたはどこでそのパソコンを修理したのですか。
　　❶ 你是在哪儿修的那台电脑？Nǐ shì zài nǎr xiū de nà tái diànnǎo?
　　② 修的那台电脑你是在哪儿？
　　③ 你修的那台电脑是在哪儿？
　　④ 在哪儿你是修的那台电脑？

　　　すでに実現した動作の主体・時間・場所・方式・目的などを強調する形式は"是…的"で，強調する成分は"是"の後ろに置きます。目的語がある場合，"的"は動詞と目的語の間か目的語の後ろに置きます。

(4) わたしの腕時計は彼のと同じくらい値段が高い。
　　① 我的手表贵和他的一样。

25

② 我的手表一样和他的贵。

③ 我的手表和他的贵一样。

❹ 我的手表和他的一样贵。Wǒ de shǒubiǎo hé tā de yíyàng guì.

「…と同じくらい…」は「"和…一样"＋形容詞」の語順です。

(5) 木下さんは3か月に1度中国に行きます。

① 木下三个月一次去中国。

❷ 木下三个月去一次中国。Mùxià sān ge yuè qù yí cì Zhōngguó.

③ 木下去一次中国三个月。

④ 木下去中国一次三个月。

「3か月に一度行く」は"三个月去一次"，"去"の回数を表す"一次"は通常"去"のすぐ後ろに置きます。

2. 与えられた語句を用いて正確に文を組み立てることができるかどうかを問うています。

(2点×5)

(6) これをお父さんに渡してください。

③ 请　① 把　〔　❹ 这个　〕　② 交给　你爸爸。

Qǐng bǎ zhège jiāogěi nǐ bàba.

"把"構文の語順は「"把"＋目的語＋動詞」です。渡す相手の"你爸爸"は"交给"の後ろに置きます。

(7) わたしは疲れているので，何も食べたくありません。

我很累，③ 什么　〔　❶ 都　〕　④ 不想　② 吃。

Wǒ hěn lèi, shénme dōu bù xiǎng chī.

「何も…したくない」は「"什么"＋"都"＋"不想"＋動詞」の語順です。

(8) 彼ら2人は来たばかりで1か月もたたない。

他们俩　〔　❷ 刚　〕　① 来　③ 不到　④ 一个月。

Tāmen liǎ gāng lái bú dào yí ge yuè.

「来たばかり」は"刚来"，「1か月もたたない」は"不到一个月"です。

⑼ 先生はわたしたちに辞書を引かせる。

老師　④ 叫　① 我们　［ ❷ 查 ］　③ 词典。

Lǎoshī jiào wǒmen chá cídiǎn.

> 「AがBに…させる」という使役文の語順は「A＋"叫"＋B＋動詞＋目的語」です。

⑽ 充電器は誰かに借りて行かれた。

充電器　② 被　④ 人　① 借　［ ❸ 走 ］　了。

Chōngdiànqì bèi rén jièzǒu le.

> 「AがBに…される」という受身文の語順は「A＋"被"＋B＋動詞＋補語」です。

---

4 長文読解

解答：⑴ ❶　⑵ ❹　⑶ ❸　⑷ ❷　⑸ ❶　⑹ ❸

まとまった内容の長文を正確に理解できるかどうかを問うています。

　王献之是中国晋代有名的书法家王羲之的儿子。小的时候，他 ⑴曾经 问父亲："怎样才能把字写好？"父亲指着院子里的水池说："要多写多练，你用水池里的水练习写字，把水用光了就知道了。"听了父亲的话，王献之 ⑵下 决心刻苦练习。

　他照着父亲的字一笔一画，一个字一个字地练习，整整练了两年，觉得 5 已经写得不错了，就拿去给母亲看。他想， ⑶要是／假如／如果 母亲说像父亲的字了，他就给父亲看。可是母亲看了看说："还不像你父亲的字。"他又努力练了两年，再拿给母亲看时，母亲仍然摇头说："不像。"接着又练习了五年之后，他直接把字拿给父亲看。⑹父亲对他说："你要认真考虑字的结构，比方这个'大'字，下面的空白太大了。"说完就 ⑷用 毛笔在空白的地方 10 点了一个点，把"大"变成了"太"字。

　王献之又把这几年写的字拿给母亲看，母亲仔细看了三天才看完，最后说："只有这一点像你父亲写的。"王献之惊呆了，原来母亲说的，正是"大"字下面的那一点！从那以后，王献之用心考虑字的结构，更加刻苦地练习，用光了水池里的水，终于 ⑸和 父亲 ⑸一样 ，成了有名的书法家。 15

Wáng Xiànzhī shì Zhōngguó Jìndài yǒumíng de shūfǎjiā Wáng Xīzhī de érzi. Xiǎo de shíhou, tā céngjīng wèn fùqin: "Zěnyàng cái néng bǎ zì xiěhǎo?" Fùqin zhǐzhe yuànzi li de shuǐchí shuō: "Yào duō xiě duō liàn, nǐ yòng shuǐchí li de shuǐ liànxí xiě zì, bǎ shuǐ yòngguāng le jiù zhīdao le." Tīngle fùqin de huà, Wáng Xiànzhī xià juéxīn kèkǔ liànxí.

Tā zhàozhe fùqin de zì yìbǐ- yíhuà, yí ge zì yí ge zì de liànxí, zhěngzhěng liànle liǎng nián, juéde yǐjīng xiěde búcuò le, jiù náqu gěi mǔqin kàn. Tā xiǎng, yàoshi/jiǎrú/rúguǒ mǔqin shuō xiàng fùqin de zì le, tā jiù gěi fùqin kàn. Kěshì mǔqin kànle kàn shuō: "Hái bú xiàng nǐ fùqin de zì." Tā yòu nǔlì liànle liǎng nián, zài nágěi mǔqin kàn shí, mǔqin réngrán yáotóu shuō: "Bú xiàng." Jiēzhe yòu liànxíle wǔ nián zhīhòu, tā zhíjiē bǎ zì nágěi fùqin kàn. Fùqin duì tā shuō: "Nǐ yào rènzhēn kǎolǜ zì de jiégòu, bǐfāng zhège 'dà' zì, xiàmiàn de kòngbái tài dà le." Shuōwán jiù yòng máobǐ zài kòngbái de dìfang diǎnle yí ge diǎn, bǎ "dà" biànchéng le "tài" zì.

Wáng Xiànzhī yòu bǎ zhè jǐ nián xiě de zì nágěi mǔqin kàn, mǔqin zǐxì kànle sān tiān cái kànwán, zuìhòu shuō: "Zhǐ yǒu zhè yì diǎn xiàng nǐ fùqin xiě de." Wáng Xiànzhī jīngdāi le, yuánlái mǔqin shuō de, zhèng shì "dà" zì xiàmiàn de nà yì diǎn! Cóng nà yǐhòu, Wáng Xiànzhī yòngxīn kǎolǜ zì de jiégòu, gèngjiā kèkǔ de liànxí, yòngguāngle shuǐchí li de shuǐ, zhōngyú hé fùqin yíyàng , chéngle yǒumíng de shūfǎjiā.

訳：王献之は中国晋代の有名な書家王義之の息子です。小さい頃，彼は父親に「どうすれば字をきちんと書けるのでしょうか」と尋ねました。父親は庭の池を指さして「たくさん書き，鍛練を積まなければならない。池の水を使って練習をしなさい，池の水を使い切ったら分かるだろう」と言いました。父親の話を聞き，王献之は骨身を惜しまず練習すると心に誓いました。

彼は父親の字の一点一画通りに，一文字ずつ練習し，まるまる２年間練習し，なかなかの出来だと感じるようになると，母親に見せに行きました。彼は，もし母親が父親のような字だと言ったら，父親に見せようと思っていました。しかし母親はちょっと見ると「まだお父さんの字のようではないわ」と言いました。彼はさらに２年懸命に練習し，また母親に見せた時，母親は依然として頭を左右に振り「似ていない」と言いました。さらに５年練習した後，彼はまず字を父親に見せました。(6)父親は彼に「お前は真剣に字の構成を考えなければいけない，例えばこの"大"という字は，下の空白の部分が大きすぎる」と言い終えると，筆で空白の所に一つの点を打ち，"太"という字に変えてしまいました。

王献之はここ数年書いた字をまた母親に見せました。母親は３日間じっくり

と見て，ようやく見終えると，最後に「この一点だけがお父さんが書いたのに似てるわ」と言いました。王献之はあっけにとられました。なんと母親が言っていたのはまさに"大"という字の下の点のことだったのです！ それ以降，王献之は注意深く字の構成を考え，さらに骨身を惜しまず練習し，池の水を使い切り，ついには父親と同じように有名な書家となりました。

(1) 空欄補充 (3点)

❶ 曾经 céngjīng ② 已经 yǐjīng ③ 早已 zǎoyǐ ④ 早就 zǎo jiù

> 副詞の問題です。「かつて（…したことがある）」という意味の①が正解です。②は「すでに」，③は「早くから」，④は「とっくに」という意味です。

(2) 空欄補充 (3点)

① 立 lì ② 定 dìng ③ 用 yòng **❹** 下 xià

> 「（決心を）する，下す」という意味の④が正解です。①は「立てる」，②は「決める」，③は「用いる」という意味です。

(3) 空欄補充（不適当） (3点)

① 要是 yàoshi ② 假如 jiǎrú **❸** 因为 yīnwei ④ 如果 rúguǒ

> 「もし…なら」という仮定の表現が当てはまります。「…なので」という原因・理由を表す③が適当ではありません。

(4) 空欄補充 (3点)

① 由 yóu **❷** 用 yòng ③ 对 duì ④ 让 ràng

> 「…で」という道具を示す介詞②が正解です。①は「…によって，…の手で」，③は「…に対して」，④は「…させる」という意味です。

(5) 空欄補充 (4点)

❶ 和…一样 hé…yíyàng ② 跟…一起 gēn…yìqǐ
③ 与…同时 yǔ…tóngshí ④ 像…似的 xiàng…shìde

> 「…と同じだ」という意味の①が正解です。②は「…といっしょに」，③は「…と同時に」，④は「…のようだ」という意味です。

(6) 内容の一致 (4点)

① 父亲用光了水池里的水，才成了有名的书法家。

Fùqin yòngguāngle shuǐchí li de shuǐ, cái chéngle yǒumíng de shūfǎjiā.

父親は池の水を使い切って，ようやく有名な書家となった。

② 王献之小的时候字写得很好。

Wáng Xiànzhī xiǎo de shíhou zì xiěde hěn hǎo.

王献之は小さい頃字を書くのが上手だった。

❸ 练习写字不考虑字的结构不行。

Liànxí xiě zì bù kǎolǜ zì de jiégòu bùxíng.

書き方を練習するには字の構成を考えなければならない。

④ 母亲说父亲的"太"字写得好。

Mǔqin shuō fùqin de "tài" zì xiěde hǎo.

母親は父親が書いた"太"という字は上手だと言った。

> 父親が"你要认真考虑字的结构，…"と言っていることから，③が正解です。

5 日文中訳 (4点×5)

(1) わたしはきょうの宿題をやり終えました。

我做完了今天的作业。

Wǒ zuòwán le jīntiān de zuòyè.

> 「やり終える」は結果補語を使って"做完"とします。"了"を文末に移動して"我做完今天的作业了"としてもかまいません。

(2) 彼女は夜4時間テレビを見ました。

她晚上看了四个小时（的）电视。

Tā wǎnshang kànle sì ge xiǎoshí (de) diànshì.

> "四个小时"という時間量を表す成分は目的語"电视"の前に置きます。

(3) 月曜日に西安の友達に手紙を書きます。

星期一我给西安的朋友写信。

Xīngqīyī wǒ gěi Xī'ān de péngyou xiě xìn.

> 「…に手紙を書く」は「"给"＋人＋"写信"」の語順です。時間を表す"星期一"は介詞フレーズの前に置いて，"我星期一给西安的朋友写信"と

してもかまいません。

(4) あなたは誰と一緒に学校に来たのですか。

你是跟谁一起来学校的?

Nǐ shì gēn shéi yìqǐ lái xuéxiào de?

> すでに実現済みの動作の主体・時間・場所・方式・目的などを強調する形式 "是…的" を用い，"的" は目的語の間に置いて，"…来的学校" としてもかまいません。「…と一緒に」は "跟／和…一起" です。

(5) 山田さんはわたしの姉より 3 歳年下です。

山田比我姐姐小三岁。

Shāntián bǐ wǒ jiějie xiǎo sān suì.

> 比較の表現「A は B より…」は「A ＋ "比" ＋ B ＋形容詞」です。比較の数量を表す "三岁" は形容詞の後ろに置きます。

第101回
（2020年11月）

問 題

　　解答時間：計 100 分

　　配点：リスニング 100 点，筆記 100 点

解答と解説

03 **1** 1. (1)～(5)の問いの答えとして最も適当なものを，①～④の中から１つ選びなさい。

(25点)

04 (1)

① ② ③ ④

05 (2)

① ② ③ ④

06 (3)

① ② ③ ④

07 (4)

① ② ③ ④

08 (5)

① ② ③ ④

09 2. (6)～(10)のＡとＢの対話を聞き，それに続くＡの発話として最も適当なものを，①～④の中から１つ選びなさい。

(25点)

10 (6)

① ② ③ ④

11 (7)

① ② ③ ④

12 (8)

① ② ③ ④

13 (9)

① ② ③ ④

14 (10)

① ② ③ ④

2 中国語を聞き，(1)～(10)の問いの答えとして最も適当なものを，①～④の中から1つ選びなさい。 (50点)

16
23

メモ欄

17
24

(1)～(5)の問いは音声のみで，文字の印刷はありません。

18
25
(1)
　①　　　　　②　　　　　③　　　　　④

19
26
(2)
　①　　　　　②　　　　　③　　　　　④

20
27
(3)
　①　　　　　②　　　　　③　　　　　④

21
28
(4)
　①　　　　　②　　　　　③　　　　　④

22
29
(5)
　①　　　　　②　　　　　③　　　　　④

メモ欄

32　⑹ 小萌出生在哪个国家?

39　　　① 　　　　　② 　　　　　③ 　　　　　④

33　⑺ 小萌的生日是几月几号?

40　　　① 　　　　　② 　　　　　③ 　　　　　④

34　⑻ 爸爸送给小萌的礼物是什么?

41　　　① 　　　　　② 　　　　　③ 　　　　　④

35　⑼ 谁没有吃蛋糕?

42　　　① 　　　　　② 　　　　　③ 　　　　　④

36　⑽ 爸爸和妈妈打算明年怎么给小萌过生日?

43　　　① 　　　　　② 　　　　　③ 　　　　　④

1　1. (1)〜(5)の中国語と声調の組み合わせが同じものを，①〜④の中から１つ選びなさい。 （10点）

(1) 课文　　　　① 父母　　　② 茶叶　　　③ 放学　　　④ 毕业

(2) 留学　　　　① 人口　　　② 服务　　　③ 离开　　　④ 回答

(3) 特点　　　　① 演员　　　② 市场　　　③ 滑雪　　　④ 小说

(4) 平安　　　　① 国家　　　② 可惜　　　③ 贸易　　　④ 风俗

(5) 语言　　　　① 许多　　　② 美元　　　③ 食品　　　④ 超市

2. (6)〜(10)の中国語の正しいピンイン表記を，①〜④の中から１つ選びなさい。 （10点）

(6) 眼前　　　① yǎngqián　② yǎnqián　③ yǎngjián　④ yǎnjián

(7) 交通　　　① jiāotōng　② zhāodōng　③ jiàodōng　④ zhàotōng

(8) 体育　　　① díyì　　　② tíyì　　　③ dǐyù　　　④ tǐyù

(9) 少数　　　① shǎoshù　② xiǎoshǔ　③ shǎosù　　④ xiǎosǔ

(10) 电灯　　　① diǎndōng　② diàndēng　③ diǎntóu　④ tiàntēng

2 (1)〜(10)の中国語の空欄を埋めるのに最も適当なものを，①〜④の中から 1 つ選び
なさい。 (20点)

(1) 我一看见中国菜（　　　）想吃。

　　① 再　　　　　② 就　　　　　③ 在　　　　　④ 又

(2) （　　　）下星期一开始，我去食堂吃午饭。

　　① 从　　　　　② 在　　　　　③ 对　　　　　④ 离

(3) 外面正下（　　　）雨呢。

　　① 了　　　　　② 过　　　　　③ 着　　　　　④ 得

(4) 请大家（　　　）行李放在这边。

　　① 被　　　　　② 把　　　　　③ 要　　　　　④ 叫

(5) 大家都是老朋友，你（　　　）客气。

　　① 应该　　　　② 不会　　　　③ 不想　　　　④ 不用

(6) 刚上车的乘客，请（　　　）里走。

　　① 在　　　　　② 给　　　　　③ 往　　　　　④ 从

(7) 我每天早上都吃两（　　　）面包，喝一杯咖啡。

　　① 本　　　　　② 片　　　　　③ 支　　　　　④ 张

(8) 老师（　　　）同学们每天用中文写一篇日记。

　　① 使　　　　　② 对　　　　　③ 被　　　　　④ 让

(9) 我爷爷（　　　）70岁了，但是还在工作。

　　① 虽然　　　　② 因为　　　　③ 只要　　　　④ 不管

(10) 我快要去中国留学（　　　）。

　　① 着　　　　　② 到　　　　　③ 了　　　　　④ 过

3 1. (1)～(5)の日本語の意味に合う中国語を，①～④の中から 1 つ選びなさい。

(10 点)

(1) わたしは 1 週間に 3 日アルバイトをします。

① 我一星期打工三个天。

② 我打三天工一个星期。

③ 我一个星期打三天工。

④ 我三天打工一个星期。

(2) わたしは車の運転を習わないことにしました。

① 我不学开车了。

② 我不学了开车。

③ 我不开学车了。

④ 我不开车学了。

(3) 彼女の描く漫画はとても人気があります。

① 很受欢迎她画的漫画。

② 她画的漫画很受欢迎。

③ 漫画她画的欢迎很受。

④ 欢迎她画的漫画很受。

(4) 彼女は歌うのがとても上手だ。

① 她唱得很好听唱歌。

② 她好听唱歌唱得很。

③ 她很唱歌好听唱得。

④ 她唱歌唱得很好听。

(5) 2つ目の信号を左に曲がると着きます。

① 往第二个红绿灯左一拐就到了。

② 往左一拐就第二个红绿灯到了。

③ 第二个红绿灯往左一拐就到了。

④ 第二个红绿灯左往一拐就到了。

2. (6)～(10)の日本語の意味になるように①～④を並べ替えたときに，[　　]内に入るものを選びなさい。　　　　　　　　　　　　　　　　　　　　（10点）

(6) 劉先生はもう北京に帰って行きました。

刘老师＿＿＿＿＿＿ ＿＿＿＿＿＿ [＿＿＿＿＿] ＿＿＿＿＿了。

　① 北京　　　　② 回　　　　③ 去　　　　④ 已经

(7) 庭にはたくさんの桜の木が植わっています。

＿＿＿＿＿ [＿＿＿＿] ＿＿＿＿＿ ＿＿＿＿＿櫻花树。

　① 很　　　　② 院子里　　　③ 种着　　　④ 多

(8) きょうはどうして学校に行かなかったのですか。

你＿＿＿＿＿ ＿＿＿＿＿ [＿＿＿＿] ＿＿＿＿＿学校？

　① 去　　　　② 怎么　　　③ 今天　　　④ 没

(9) わたしは彼女の家に遊びに行くチャンスがありません。

我＿＿＿＿＿ ＿＿＿＿＿ [＿＿＿＿] ＿＿＿＿＿玩儿。

　① 没有　　　② 去　　　③ 她家　　　④ 机会

(10) 先生は学生に新出単語を覚えるようにおっしゃいます。

老师＿＿＿＿＿ [＿＿＿＿] ＿＿＿＿＿ ＿＿＿＿＿。

　① 学生　　　② 生词　　　③ 记　　　④ 叫

4 次の文章を読み，(1)～(6)の問いの答えとして最も適当なものを，①～④の中から
1つ選びなさい。 (20点)

你们都知道"superman（超人）"吧，我妈妈就是一个"超人"。我为什么这么说呢？ [(1)] 妈妈有像"超人"一样的特异功能。妈妈的特异功能就是，她有一双"千里眼"。

那是一个星期六，妈妈出去买菜了，我自己在家做作业。妈妈出门后，我想：妈妈去超市买菜得一个小时 [(2)] 能回来，我先玩儿一会儿游戏吧。等妈妈回来后我 [(3)] 做作业。我用电脑玩儿了半个小时游戏，玩儿完后开始做作业。我想妈妈肯定 [(4)] 知道我玩儿游戏的，可妈妈一回来就知道了，还批评我学习不认真！如果妈妈没有"千里眼"，她 [(5)] 知道我玩儿游戏了呢？

还有一天，我在二楼做作业，妈妈在一楼看书。写了一会儿，我觉得累了，就拿出一本漫画书，想先看一会儿。我刚看了两、三页，妈妈就在楼下大声喊"先做完作业 [(3)] 看漫画！"你们说，我的妈妈是不是"超人"？

(1) 空欄(1)を埋めるのに適当なものはどれか。

① 所以   ② 如果   ③ 因为   ④ 但是

(2) 空欄(2)を埋めるのに適当なものはどれか。

① 都   ② 才   ③ 就   ④ 刚

(3) 2か所の空欄(3)を埋めるのに適当な同一の語はどれか。

① 再   ② 还   ③ 在   ④ 又

(4) 空欄(4)を埋めるのに適当なものはどれか。

① 不得   ② 不过   ③ 不要   ④ 不会

(5) 空欄(5)を埋めるのに適当なものはどれか。

① 那么   ② 什么   ③ 怎么   ④ 多么

(6) 本文の内容と一致するものはどれか。

    ① 我妈妈真有和"超人"一样的特殊能力。

    ② 我不认真做作业时总能被妈妈发现。

    ③ 我每次都是先玩儿一会儿后做作业。

    ④ 妈妈不在家的时候我就不做作业了。

---

5 (1)～(5)の日本語を中国語に訳し，漢字（簡体字）で書きなさい。

  （漢字は崩したり略したりせずに書き，文中・文末には句読点や疑問符をつけること。）

（20点）

(1) わたしはまだ仕事が見つかりません。

(2) わたしは中国語を学んでもう2年になります。

(3) 彼女は少しドイツ語が話せます。

(4) この本はどこで買ったのですか。

(5) わたしは毎日自転車で学校に行きます。

リスニング

1 会 話

解答：(1) ❸　(2) ❶　(3) ❸　(4) ❶　(5) ❸　(6) ❶　(7) ❷　(8) ❶　(9) ❸　(10) ❹

1. 日常会話でよく使われる問いに対し，正確に答えることができるかどうかを問うています。

(5点×5)

04 (1) 問：今天早上你看电视了吗?
Jīntiān zǎoshang nǐ kàn diànshì le ma?

けさあなたはテレビを見ましたか。

答：① 我晚上一般不看电视。
Wǒ wǎnshang yìbān bú kàn diànshì.

わたしは夜はたいていテレビを見ません。

② 我昨天早上没看电视。
Wǒ zuótiān zǎoshang méi kàn diànshì.

わたしはきのうの朝はテレビを見ませんでした。

❸ 我早上没时间看电视。
Wǒ zǎoshang méi shíjiān kàn diànshì.

わたしは朝はテレビを見る時間がありません。

④ 爸爸也很喜欢看电视。
Bàba yě hěn xǐhuan kàn diànshì.

父もテレビを見るのが好きです。

05 (2) 問：小李住院了，你知道吗?
Xiǎo Lǐ zhùyuàn le, nǐ zhīdao ma?

李さんが入院しましたが，あなたは知っていますか。

答：❶ 我也是刚听小刘说的。
Wǒ yě shì gāng tīng Xiǎo Liú shuō de.

わたしも劉さんから聞いたばかりなのです。

② 我不知道小刘生病了。
Wǒ bù zhīdào Xiǎo Liú shēngbìng le.

わたしは劉さんが病気とは知りませんでした。

③ 我不知道医院在哪儿。
Wǒ bù zhīdào yīyuàn zài nǎr.

わたしは病院がどこにあるのか知りません。

④ 我家离小李家不太远。
Wǒ jiā lí Xiǎo Lǐ jiā bú tài yuǎn.

わたしの家は李さんの家からあまり遠くありません。

06 (3) 問：我打算毕业以后去东京工作，你呢?
Wǒ dǎsuan bìyè yǐhòu qù Dōngjīng gōngzuò, nǐ ne?

わたしは卒業後，東京で仕事をするつもりですが，あなたは？

答：① 我不是东京大学毕业的。
　　　Wǒ bú shì Dōngjīng Dàxué bìyè de.

わたしは東京大学を卒業したのではありません。

　　② 我以前也去过几次东京。
　　　Wǒ yǐqián yě qùguo jǐ cì Dōngjīng.

わたしは以前にも何度か東京に行ったことがあります。

　　❸ 我还没想好去哪儿工作。
　　　Wǒ hái méi xiǎnghǎo qù nǎr gōngzuò.

わたしはまだどこで働くかちゃんと考えていません。

　　④ 我不是跟他一起毕业的。
　　　Wǒ bú shì gēn tā yìqǐ bìyè de.

わたしは彼と一緒に卒業したのではありません。

07 (4) 問：电影已经开演了，你怎么才来啊?
　　　Diànyǐng yǐjīng kāiyǎn le, nǐ zěnme cái lái a?

映画はもう始まったのに，なんで今ごろ来たの?

答：❶ 对不起，我把时间记错了。
　　　Duìbuqǐ, wǒ bǎ shíjiān jìcuò le.

すみません，時間を間違えてしまいました。

　　② 这个电影你也还没看过吧?
　　　Zhège diànyǐng nǐ yě hái méi kànguo ba?

この映画，あなたもまだ観てないでしょう?

　　③ 我听说这个电影很有意思。
　　　Wǒ tīngshuō zhège diànyǐng hěn yǒu yìsi.

この映画はおもしろいそうです。

　　④ 我以前很喜欢看美国电影。
　　　Wǒ yǐqián hěn xǐhuan kàn Měiguó diànyǐng.

わたしは以前アメリカ映画を観るのがとても好きでした。

08 (5) 問：你收到我给你发的短信了没有?
　　　Nǐ shōudào wǒ gěi nǐ fā de duǎnxìn le méiyou?

わたしが送ったショートメールは受け取りましたか。

答：① 有事的话，你就给我发短信吧。
　　　Yǒu shì dehuà, nǐ jiù gěi wǒ fā duǎnxìn ba.

用事があれば，わたしにショートメールを送ってください。

　　② 他现在还不会用手机发短信呢。
　　　Tā xiànzài hái bú huì yòng shǒujī fā duǎnxìn ne.

彼は今はまだ携帯電話でショートメールを送れません。

　　❸ 你的短信我已经看了，谢谢你。
　　　Nǐ de duǎnxìn wǒ yǐjīng kàn le, xièxie nǐ.

あなたからのショートメールはすでに見ました，ありがとう。

　　④ 我刚刚给那个朋友写了一封信。
　　　Wǒ gānggāng gěi nàge péngyou xiěle yì fēng xìn.

わたしはつい先ほどその友達に手紙を1通書きました。

2. 問いと答えだけで終わるのではなく，相手の答えに対してもう一度反応を示すことができるかどうかを問うています。

(5点×5)

10 (6) A：你要的书已经买到了。
Nǐ yào de shū yǐjīng mǎidào le.

あなたが必要な本はすでに買いました。

B：太谢谢你了，一共多少钱?
Tài xièxie nǐ le, yígòng duōshao qián?

本当にありがとう，全部でいくらですか。

A：❶ 送给你了，不要钱。
Sòng gěi nǐ le, bú yào qián.

あなたにプレゼントしますから，お金は要りません。

② 好吧，我明天把钱给你。
Hǎo ba, wǒ míngtiān bǎ qián gěi nǐ.

分かりました，わたしはあしたあなたにお金を渡します。

③ 我把买书的钱还给他了。
Wǒ bǎ mǎi shū de qián huángěi tā le.

わたしは本を買うお金を彼に返しました。

④ 我每年买书都花很多钱。
Wǒ měi nián mǎi shū dōu huā hěn duō qián.

わたしは毎年本を買うのにたくさんのお金がかかります。

11 (7) A：上星期天的事儿你听说了吗?
Shàng xīngqītiān de shìr nǐ tīngshuō le ma?

先週の日曜日の事件をあなたは聞きましたか。

B：听说了，太可怕了。
Tīngshuō le, tài kěpà le.

聞きました，本当に恐ろしいですね。

A：① 我也不知道他有没有时间找工作。
Wǒ yě bù zhīdào tā yǒu méi yǒu shíjiān zhǎo gōngzuò.

わたしも彼が仕事を探す時間があるのかどうか知りません。

❷ 没想到自己身边也会发生这种事儿。
Méi xiǎngdào zìjǐ shēnbiān yě huì fāshēng zhè zhǒng shìr.

自分の身近でもこのような事が起こるとは思いませんでした。

③ 他们是上个星期天从西安出发的。
Tāmen shì shàng ge xīngqītiān cóng Xī'ān chūfā de.

彼らは先週の日曜日に西安を出発したのです。

④ 我大声跟他说了三遍，他才明白。
Wǒ dàshēng gēn tā shuōle sān biàn, tā cái míngbai.

わたしが大声で3回言ったら，彼はようやく分かりました。

第101回　解答と解説　［リスニング］

45

12 (8) A：我借给你的那本书你看完了吗？
Wǒ jiègěi nǐ de nà běn shū nǐ kànwán le ma?

あなたに貸したあの本はもう読み終わりましたか。

B：还有十多页。
Hái yǒu shí duō yè.

あと 10 数ページです。

A：❶ 那你快点儿看，小王也想看。
Nà nǐ kuài diǎnr kàn, Xiǎo Wáng yě xiǎng kàn.

では早いところ読んでください，王さんも読みたがっていますから。

② 我看完以后马上就给小王。
Wǒ kànwán yǐhòu mǎshàng jiù gěi Xiǎo Wáng.

わたしは読み終わったらすぐに王さんに渡します。

③ 我昨天作业很多，没怎么看。
Wǒ zuótiān zuòyè hěn duō, méi zěnme kàn.

わたしはきのう宿題が多かったので，それほど読んでいません。

④ 小王每天先写作业，后看书。
Xiǎo Wáng měi tiān xiān xiě zuòyè, hòu kàn shū.

王さんは毎日まず宿題をしてから，あとで本を読みます。

13 (9) A：你做的中国菜太好吃了，在哪儿学的?
Nǐ zuò de Zhōngguó cài tài hǎochī le, zài nǎr xué de?

あなたが作った中国料理はほんとうにおいしいですね，どこで習ったのですか。

B：在北京留学时，跟中国老师学的。
Zài Běijīng liúxué shí, gēn Zhōngguó lǎoshī xué de.

北京に留学していた時に，中国人の先生に習いました。

A：① 是吗? 我也特别喜欢吃中国菜。
Shì ma? Wǒ yě tèbié xǐhuan chī Zhōngguó cài.

そうですか，わたしもとりわけ中国料理を食べるのが好きです。

② 好啊，有时间我教你做中国菜。
Hǎo a, yǒu shíjiān wǒ jiāo nǐ zuò Zhōngguó cài.

いいですよ，時間があればあなたに中国料理の作り方を教えます。

❸ 真了不起啊! 以后教教我好吗?
Zhēn liǎobuqǐ a! Yǐhòu jiāojiao wǒ hǎo ma?

大したものですね。今後わたしにちょっと教えてもらえますか。

④ 好啊，其实做中国菜并不太难。
Hǎo a, qíshí zuò Zhōngguó cài bìng bú tài nán.

いいですよ，実は中国料理を作るのはさほど難しくないですよ。

14 (10) A：糟糕，我忘带词典了，怎么办啊？
Zāogāo, wǒ wàng dài cídiǎn le, zěnme bàn a?

しまった，辞書を持ってくるのを忘れてしまった，どうしよう。

B：我现在不用，你先用吧。
Wǒ xiànzài bú yòng, nǐ xiān yòng ba.

わたしはいま使わないので，先に使ってください。

A：① 我的电子词典是上个月买的。
Wǒ de diànzǐ cídiǎn shì shàng ge yuè mǎi de.

わたしの電子辞書は先月買ったのです。

② 我每天都带电子词典来学校。
Wǒ měi tiān dōu dài diànzǐ cídiǎn lái xuéxiào.

わたしは毎日電子辞書を持って学校に来ています。

③ 你不知道怎么用这种词典吗？
Nǐ bù zhīdào zěnme yòng zhè zhǒng cídiǎn ma?

あなたはこの辞書をどうやって使うか知らないのですか。

❹ 真不好意思！太谢谢你了！
Zhēn bù hǎoyìsi! Tài xièxie nǐ le!

本当に申し訳ない。どうもありがとう。

---

2 **長文聴解**

解答：(1)❹　(2)❶　(3)❸　(4)❷　(5)❶　(6)❷　(7)❷　(8)❸　(9)❷　(10)❶

(5点×5)

16 A：喂，铃木，你在做什么呢？
Wéi, Língmù, nǐ zài zuò shénme ne?

B：啊，山本，(1)我在看小说呢。
À, Shānběn, wǒ zài kàn xiǎoshuō ne.

A：我有个问题想问问你。
Wǒ yǒu ge wèntí xiǎng wènwen nǐ.

B：什么事儿？你说吧。
Shénme shìr? Nǐ shuō ba.

A：(2)大家都说你汉语进步很快。
Dàjiā dōu shuō nǐ Hànyǔ jìnbù hěn kuài.　5

B：哪里，哪里，我还差得远呢。
Nǎli, nǎli, wǒ hái chàde yuǎn ne.

A：(3)我也想尽快提高汉语水平，有什么好办法吗？
Wǒ yě xiǎng jǐnkuài tígāo Hànyǔ shuǐpíng, yǒu shénme hǎo bànfǎ ma?

B：我的办法就是平时多听多说多读。
Wǒ de bànfǎ jiù shì píngshí duō tīng duō shuō duō dú.　10

17 A：我一直在练习听力和会话，也写作文。
Wǒ yìzhí zài liànxí tīnglì hé huìhuà, yě xiě zuòwén.

47

B：练习听力的时候，你是听录音吗？　Liànxí tīnglì de shíhou, nǐ shì tīng lùyīn ma?

A：(4)我每天都听录音，有时候也听汉语广播。　Wǒ měi tiān dōu tīng lùyīn, yǒu shíhou yě tīng Hànyǔ guǎngbō. 15

B：只用耳朵听还不够，最好是同时用眼睛看。　Zhǐ yòng ěrduo tīng hái búgòu, zuìhǎo shì tóngshí yòng yǎnjing kàn.

A：我也觉得只听声音效果不太好。　Wǒ yě juéde zhǐ tīng shēngyīn xiàoguǒ bú tài hǎo. 20

B：边听边看，声音就和汉字对起来了。　Biān tīng biān kàn, shēngyīn jiù hé Hànzì duìqilai le.

A：你的这个办法好，我一定试试。　Nǐ de zhège bànfǎ hǎo, wǒ yídìng shìshi.

B：(5)最好的办法是看电视，特别是带字幕的节目。　Zuì hǎo de bànfǎ shì kàn diànshì, tèbié shì dài zìmù de jiémù. 25

A：谢谢你的建议，我就按你说的方法练习。　Xièxie nǐ de jiànyì, wǒ jiù àn nǐ shuō de fāngfǎ liànxí.

B：祝你学习进步！　Zhù nǐ xuéxí jìnbù!

訳：

A：もしもし，鈴木さん，何をしているのですか。

B：あ，山本さん，(1)わたしは小説を読んでいます。

A：あなたにちょっと聞きたいことがあるのですが。

B：なんですか。言ってください。

A：(2)みんながあなたは中国語の上達が速いと言っています。

B：そんなことないですよ，まだまだですね。

A：(3)わたしも速く中国語をレベルアップしたいのですが，何か良い方法はありますか。

B：わたしの方法は普段からたくさん聴いて，話して，読むことですね。

A：わたしはずっとリスニングと会話の練習をしていて，作文も書きます。

B：リスニングの練習をする時は，録音を聴いているのですか。

A：(4)毎日録音を聴いて，時々中国語の放送も聴いています。

B：耳で聴くだけではまだ十分ではなく，一番良いのは同時に目で読むことです。

A：わたしも音声を聴くだけではあまり効果的ではないと思っています。

B：聴きながら読むと，音声と漢字が一致するようになります。

A：あなたのその方法はいいですね，絶対試してみます。

Ｂ：(5)最良の方法はテレビを見ることで，特に字幕付きの番組ですね。

Ａ：アドバイスありがとう，あなたが言った方法で練習します。

Ｂ：上達しますように！

18 (1) 問：山本打电话的时候，铃木在干什么呢？

Shānběn dǎ diànhuà de shíhou, Língmù zài gàn shénme ne?

山本さんが電話をかけた時，鈴木さんは何をしていましたか。

答：① 他在听广播呢。

Tā zài tīng guǎngbō ne.

放送を聴いていた。

② 他在练习会话呢。

Tā zài liànxí huìhuà ne.

会話の練習をしていた。

③ 他在看电视呢。

Tā zài kàn diànshì ne.

テレビを見ていた。

❹ 他在看小说呢。

Tā zài kàn xiǎoshuō ne.

小説を読んでいた。

19 (2) 問：大家对铃木的评价是什么？

Dàjiā duì Língmù de píngjià shì shénme?

みんなの鈴木さんに対する評価はどうですか。

答：❶ 大家认为他的汉语水平提高很快。

Dàjiā rènwéi tā de Hànyǔ shuǐpíng tígāo hěn kuài.

彼の中国語のレベルアップが速い思っている。

② 大家认为他的汉语水平不如山本。

Dàjiā rènwéi tā de Hànyǔ shuǐpíng bùrú Shānběn.

彼の中国語レベルは山本さんには及ばないと思っている。

③ 大家认为他应该接受同学的建议。

Dàjiā rènwéi tā yīnggāi jiēshòu tóngxué de jiànyì.

彼はクラスメイトのアドバイスを受け入れるべきだと思っている。

④ 大家认为他应该试试更好的方法。

Dàjiā rènwéi tā yīnggāi shìshi gèng hǎo de fāngfǎ.

彼はもっといい方法をちょっと試してみるべきだと思っている。

20 (3) 問：山本为什么给铃木打电话？

Shānběn wèi shénme gěi Língmù dǎ diànhuà?

山本さんはなぜ鈴木さんに電話をかけたのですか。

答：① 她想跟铃木一起练习会话。

Tā xiǎng gēn Língmù yìqǐ liànxí huìhuà.

鈴木さんと一緒に会話の練習をしたいから。

② 她想帮铃木提高汉语水平。
Tā xiǎng bāng Língmù tígāo Hànyǔ shuǐpíng.

鈴木さんの中国語のレベルアップを手助けしたいから。

❸ 她想向铃木请教学习方法。
Tā xiǎng xiàng Língmù qǐngjiào xuéxí fāngfǎ.

鈴木さんから勉強方法を教えてもらいたいから。

④ 她想请铃木去看中国电影。
Tā xiǎng qǐng Língmù qù kàn Zhōngguó diànyǐng.

鈴木さんを中国映画に誘いたいから。

21 (4) 问：山本平时怎样练习听力?
Shānběn píngshí zěnyàng liànxí tīnglì?

山本さんはふだんどのようにリスニングの練習をしているのですか。

答：① 每天听中国的广播。
Měi tiān tīng Zhōngguó de guǎngbō.

毎日中国の放送を聴いている。

❷ 每天听汉语的录音。
Měi tiān tīng Hànyǔ de lùyīn.

毎日中国語の録音を聴いている。

③ 边看电视边记生词。
Biān kàn diànshì biān jì shēngcí.

テレビを見ながら新出単語を覚えている。

④ 边听广播边写汉字。
Biān tīng guǎngbō biān xiě Hànzì.

放送を聴きながら漢字を書いている。

22 (5) 问：铃木介绍的最好的办法是什么?
Língmù jièshào de zuì hǎo de bànfǎ shì shénme?

鈴木さんが紹介した最良の方法は何ですか。

答：❶ 看带字幕的中国电视节目。
Kàn dài zìmù de Zhōngguó diànshì jiémù.

字幕付きの中国語のテレビ番組を見る。

② 每天都听汉语广播和录音。
Měi tiān dōu tīng Hànyǔ guǎngbō hé lùyīn.

毎日中国語の放送と録音を聴く。

③ 平时经常练习用中文造句。
Píngshí jīngcháng liànxí yòng Zhōngwén zàojù.

ふだんからよく中国語で文を作る練習をする。

④ 多听老师和同学们的建议。
Duō tīng lǎoshī hé tóngxuémen de jiànyì.

先生やクラスメイトのアドバイスをたくさん聞く。

50

ドイツ生まれの中国人の女の子の誕生日会です。　　　　　　　　　　（5点×5）

(6)小萌是一个出生在德国的中国女孩儿，今年十岁了，(7)她的生日是四月十八号。今年的生日跟以前不一样，小萌的爸爸、妈妈请来了很多同学和小朋友，为小萌开了一个家庭生日晚会。

来的小客人中，还有一个是从法国来的。朋友们都准备了礼物。有漫画、铅笔，还有巧克力。(8)爸爸送给小萌一辆自行车，妈妈送给她的是一条红色的裙子，生活在中国的奶奶送给她一双黑皮鞋。大家一起唱歌、跳舞，玩儿得非常开心。

为了庆祝小萌十岁的生日，爸爸还买了一个很大的生日蛋糕。小萌把蛋糕分给大家吃。但是，(9)妈妈没有吃，妈妈说她最近胖了，不能再吃甜的东西了。

(10)爸爸妈妈说，他们打算明年小萌过生日的时候，全家一起去英国旅行。小萌听了很高兴，但是她又想，如果那样的话，就不会有今天这么多小朋友参加她的生日晚会了。

Xiǎoméng shì yí ge chūshēngzài Déguó de Zhōngguó nǚháir, jīnnián shí suì le, tā de shēngrì shì sìyuè shíbā hào. Jīnnián de shēngrì gēn yǐqián bù yíyàng, Xiǎoméng de bàba、māma qǐngláile hěn duō tóngxué hé xiǎopéngyou, wèi Xiǎoméng kāile yí ge jiātíng shēngrì wǎnhuì.

Lái de xiǎo kèren zhōng, hái yǒu yí ge shì cóng Fǎguó lái de. Péngyǒumen dōu zhǔnbèile lǐwù. Yǒu mànhuà、qiānbǐ, hái yǒu qiǎokèlì. Bàba sònggěi Xiǎoméng yí liàng zìxíngchē, māma sònggěi tā de shì yì tiáo hóngsè de qúnzi, shēnghuózài Zhōngguó de nǎinai sònggěi tā yì shuāng hēi píxié. Dàjiā yìqǐ chàng gē、tiàowǔ, wánrde fēicháng kāixīn.

Wèile qìngzhù Xiǎoméng shí suì de shēngrì, bàba hái mǎile yí ge hěn dà de shēngrì dàngāo. Xiǎoméng bǎ dàngāo fēngěi dàjiā chī. Dànshì, māma méiyou chī, māma shuō tā zuìjìn pàng le, bù néng zài chī tián de dōngxi le.

Bàba māma shuō, tāmen dǎsuan míngnián Xiǎoméng guò shēngrì de shíhou, quánjiā yìqǐ qù Yīngguó lǚxíng. Xiǎoméng tīngle hěn gāoxìng, dànshì tā yòu xiǎng, rúguǒ nàyàng dehuà, jiù bú huì yǒu jīntiān zhème duō xiǎopéngyou cānjiā tā de shēngrì wǎnhuì le.

訳：(6)小萌はドイツで生まれた中国人の女の子で，今年10歳で，(7)誕生日は4月18日です。今年の誕生日は以前と違って，小萌のお父さんとお母さんはたくさんのクラスメイトと友達を招待し，小萌のために家で誕生日会を開きました。

やってきた小さなお客さんの中には，フランスから来た子もいました。友達はみなプレゼントを用意していました。漫画，鉛筆それにチョコレートもありました。(8)お父さんは小萌に自転車を，お母さんは赤いスカートをプレゼントし，中国で暮らしているおばあさんは黒い革靴を送ってくれました。みんなで一緒に歌い，踊り，非常に愉快に遊びました。

　小萌の10歳の誕生日を祝うために，お父さんはとても大きなバースデーケーキも買いました。小萌はケーキをみんなに分けて食べました。でも，(9)お母さんは食べませんでした。お母さんは最近太ったので，もう甘い物は食べられないと言いました。

　(10)お父さんとお母さんは，来年の小萌の誕生日には一家でイギリスに旅行に行くつもりだと言いました。小萌はそれを聞いて嬉しかったのですが，もしそのようになったら，きょうのように大勢の友達が参加してくれる誕生会ではなくなってしまうだろうとも思いました。

32 (6) 問：小萌出生在哪个国家？　　　　　　　小萌はどこの国で生まれま
　　　　　Xiǎoméng chūshēngzài nǎge guójiā?　　したか。

　　答：① 她出生在中国。　　　　　　　　　中国で生まれた。
　　　　　Tā chūshēngzài Zhōngguó.

　　　　❷ 她出生在德国。Tā chūshēngzài Déguó.　ドイツで生まれた。

　　　　③ 她出生在法国。Tā chūshēngzài Fǎguó.　フランスで生まれた。

　　　　④ 她出生在英国。Tā chūshēngzài Yīngguó.　イギリスで生まれた。

33 (7) 問：小萌的生日是几月几号？　　　　　　小萌の誕生日は何月何日で
　　　　　Xiǎoméng de shēngrì shì jǐ yuè jǐ hào?　すか。

　　答：① 十月十四号。Shíyuè shísì hào.　　10月14日。

　　　　❷ 四月十八号。Sìyuè shíbā hào.　　4月18日。

　　　　③ 十月十八号。Shíyuè shíbā hào.　　10月18日。

　　　　④ 四月二十号。Sìyuè èrshí hào.　　4月20日。

34 (8) 問：爸爸送给小萌的礼物是什么？　　　　お父さんが小萌にあげたプ
　　　　　Bàba sònggěi Xiǎoméng de lǐwù shì shénme?　レゼントは何ですか。

　　答：① 黑皮鞋。Hēi píxié.　　　　　　　黒い革靴。

　　　　② 红裙子。Hóng qúnzi.　　　　　　赤いスカート。

❸ 自行车。Zìxíngchē.　　　　　　　自転車。

④ 巧克力。Qiǎokèlì.　　　　　　　チョコレート。

35 (9) 問：谁没有吃蛋糕?　　　　　　誰がケーキを食べなかった
　　　　 Shéi méiyou chī dàngāo?　　　　のですか。

　　 答：① 爸爸。Bàba.　　　　　　　お父さん。

　　　　 ❷ 妈妈。Māma.　　　　　　　お母さん。

　　　　 ③ 朋友。Péngyou.　　　　　　友達。

　　　　 ④ 小萌。Xiǎoméng.　　　　　　小萌。

36 (10) 問：爸爸和妈妈打算明年怎么给小萌过生日?　お父さんとお母さんは来年
　　　　 Bàba hé māma dǎsuan míngnián zěnme gěi　どのように小萌の誕生日を
　　　　 Xiǎoméng guò shēngrì?　　　　　祝おうと計画していますか。

　　 答：❶ 全家人去英国旅行。　　　　一家でイギリスに旅行に行
　　　　　 Quánjiārén qù Yīngguó lǚxíng.　く。

　　　　 ② 再办一次生日聚会。　　　　もう一度誕生日会をする。
　　　　　 Zài bàn yí cì shēngrì jùhuì.

　　　　 ③ 带小萌去听音乐会。　　　　小萌をコンサートに連れて
　　　　　 Dài Xiǎoméng qù tīng yīnyuèhuì.　行く。

　　　　 ④ 亲手做一个大蛋糕。　　　　自分で大きなケーキを作る。
　　　　　 Qīnshǒu zuò yí ge dà dàngāo.

1 ピンイン表記・声調

解答：(1) ❸　(2) ❹　(3) ❷　(4) ❶　(5) ❷　(6) ❷　(7) ❶　(8) ❹　(9) ❶　(10) ❷

1．2音節の単語の声調パターンが身に付いているかどうかを問うています。単語を覚えるときは，漢字の書き方や意味だけでなしに声調もしっかり身に付けましょう。声調パターンは97頁の「2音節語の声調の組み合わせ」を繰り返し音読して身に付けましょう。

(2点×5)

(1) 课文 kèwén（教科書の本文）
① 父母 fùmǔ　（父母）
② 茶叶 cháyè　（茶葉）
❸ 放学 fàngxué　（学校がひける）
④ 毕业 bìyè　（卒業する）

(2) 留学 liúxué（留学する）
① 人口 rénkǒu　（人口）
② 服务 fúwù　（サービスする）
③ 离开 líkāi　（離れる）
❹ 回答 huídá　（答える）

(3) 特点 tèdiǎn（特徴）
① 演员 yǎnyuán　（役者）
❷ 市场 shìchǎng　（マーケット）
③ 滑雪 huáxuě　（スキーをする）
④ 小说 xiǎoshuō　（小説）

(4) 平安 píng'ān（無事である）
❶ 国家 guójiā　（国）
② 可惜 kěxī　（残念である）
③ 贸易 màoyì　（貿易）
④ 风俗 fēngsú　（風俗）

(5) 语言 yǔyán（言語）
① 许多 xǔduō　（多い）
❷ 美元 Měiyuán　（アメリカドル）
③ 食品 shípǐn　（食品）
④ 超市 chāoshì　（スーパーマーケット）

2. ピンインを正確に覚えているかどうかを問うています。正しく発音することができるかどうかは，ピンインによるチェックが効果的です。 (2点×5)

(6) 眼前（目の前）
　　① yǎngqián　　❷ yǎnqián　　③ yǎngjián　　④ yǎnjián
(7) 交通（交通）
　　❶ jiāotōng　　② zhāodōng　　③ jiàodōng　　④ zhàotōng
(8) 体育（体育）
　　① díyì　　② tíyì　　③ dǐyù　　❹ tǐyù
(9) 少数（少数）
　　❶ shǎoshù　　② xiǎoshǔ　　③ shǎosù　　④ xiǎosǔ
(10) 电灯（電灯）
　　① diǎndōng　　❷ diàndēng　　③ diǎntóu　　④ tiàntēng

2 空欄補充

解答：(1) ❷　(2) ❶　(3) ❸　(4) ❷　(5) ❹　(6) ❸　(7) ❷　(8) ❹　(9) ❶　(10) ❸

空欄に入る語はいずれも文法上のキーワードです。 (2点×10)

(1) 我一看见中国菜（就）想吃。　　わたしは中国料理を見ると食べ
　　Wǒ yí kànjiàn Zhōngguó cài jiù xiǎng chī.　たくなる。

　　① 再 zài　　❷ 就 jiù　　③ 在 zài　　④ 又 yòu

> 　　副詞の問題です。"一…就…"（…するとすぐ…）という呼応形です。①は繰り返しの動作がこれから行われる未然形，③は「…している」という進行形，④は繰り返しの動作がすでに行われた已然形を表します。

(2) （从）下星期一开始，我去食堂吃午饭。　　来週の月曜日からわたしは食堂
　　Cóng xià xīngqīyī kāishǐ, wǒ qù shítáng chī　に行って昼ごはんを食べます。
　　wǔfàn.

　　❶ 从 cóng　　② 在 zài　　③ 对 duì　　④ 离 lí

> 　　介詞の問題です。後ろが時点を表す語なので，時間や場所の起点を表す①が正解です。②は場所，③は対象，④は時間的・空間的な隔たりの基点を導きます。

55

⑶ 外面正下（着）雨呢。　　　　　　　　　　外は雨が降っています。
Wàimiàn zhèng xiàzhe yǔ ne.

① 了 le　　　　　② 过 guo　　　　❸ 着 zhe　　　　④ 得 de

　　助詞の問題です。"正…呢" で「…している」という持続・継続を表します。持続の意を表す③の動態助詞 "着" が正解です。①は動作の完了，状態の変化，②は過去における経験，④は様態補語を導きます。

⑷ 请大家（把）行李放在这边。　　　　　　みなさん荷物はこちらに置いてください。
Qǐng dàjiā bǎ xíngli fàngzài zhèbiān.

① 被 bèi　　　　❷ 把 bǎ　　　　③ 要 yào　　　　④ 叫 jiào

　　後ろが "行李" という名詞ですので，目的語を動詞の前に出し目的語に処置を加えるニュアンスを表す "把" 構文です。語順は「(主語＋) "把" ＋目的語＋動詞＋その他の成分（補語など）」です。①は受身，③は願望や義務，④は使役を表します。

⑸ 大家都是老朋友，你（不用）客气。　　　みんな古くからの友達だから，遠慮しなくていいよ。
Dàjiā dōu shì lǎo péngyou, nǐ búyòng kèqi.

① 应该 yīnggāi　　② 不会 bú huì　　③ 不想 bù xiǎng　　❹ 不用 búyòng

　　後ろが "客气"（遠慮する）ですから，「…する必要はない」という意味の④が正解です。①は「…すべき」，②は「(練習して) …できない，…ではないだろう」，③は「…したくない」という意味です。

⑹ 刚上车的乘客，请（往）里走。　　　　　いま乗車したお客さんは，奥の方に行ってください。
Gāng shàngchē de chéngkè, qǐng wǎng lǐ zǒu.

① 在 zài　　　　② 给 gěi　　　　❸ 往 wǎng　　　　④ 从 cóng

　　介詞の問題です。"里"（中，内部）という方位詞から，動作の方向を導く③が正解です。①は場所，②は動作・行為の受益者，④は時間・場所の起点を導きます。

⑺ 我每天早上都吃两（片）面包，喝一杯咖啡。Wǒ měi tiān zǎoshang dōu chī liǎng piàn miànbāo, hē yì bēi kāfēi.　　わたしは毎朝パンを2枚食べ，コーヒーを1杯飲みます。

① 本 běn　　❷ 片 piàn　　③ 支 zhī　　④ 张 zhāng

　　量詞の問題です。①は書籍，②はパンや葉っぱなど薄く偏平なもの，③はペンやタバコなど棒状のもの，④は紙など平らな面を持つものを数えます。

(8) 老师（让）同学们每天用中文写一篇日记。　　先生は学生に毎日中国語で日記を書かせます。
Lǎoshī ràng tóngxuémen měi tiān yòng Zhōngwén xiě yì piān rìjì.

　　① 使 shǐ　　② 对 duì　　③ 被 bèi　　❹ 让 ràng

　　使役表現の問題です。①と④が使役表現を表す動詞ですが，①は主として「喜ばせる，悲しませる」など心理活動を表す非動作的な動詞や形容詞と結びつくため，④が正解です。②は対象を導く介詞，③は受身文で行為者を導く介詞です。

(9) 我爷爷（虽然）70 岁了，但是还在工作。　　祖父は 70 歳ですが，まだ仕事をしています。
Wǒ yéye suīrán qīshí suì le, dànshì hái zài gōngzuò.

　　❶ 虽然 suīrán　　② 因为 yīnwei　　③ 只要 zhǐyào　　④ 不管 bùguǎn

　　接続詞の問題です。"虽然…但是…"で「…ではあるけれども…」という呼応形です。②は"因为…所以…"で「…なので…である」，③は"只要…就…"で「…さえすれば…」，④は"不管…也…"で「…であろうと…」という呼応形です。

(10) 我快要去中国留学（了）。　　わたしはもうすぐ中国に留学に行きます。
Wǒ kuàiyào qù Zhōngguó liúxué le.

　　① 着 zhe　　② 到 dào　　❸ 了 le　　④ 过 guo

　　"快要…了"で「もうすぐ…だ」と近い未来のことを表します。①は持続，②は場所への到達や目的の達成，④は過去における経験を表します。

1. 文法上のキーワードを含む基本的な文を正確に組み立てることができるかどうかを問うています。　　　　　　　　　　　　　　　　　　　　(2 点 × 5)

(1) わたしは 1 週間に 3 日アルバイトをします。

　① 我一星期打工三个天。

　② 我打三天工一个星期。

　❸ 我一个星期打三天工。Wǒ yí ge xīngqī dǎ sān tiān gōng.

　④ 我三天打工一个星期。

　　　"打工" は「動詞＋目的語」構造の離合動詞なので，時間量を表す "三天" は "打工" の間に割って入ります。

(2) わたしは車の運転を習わないことにしました。

　❶ 我不学开车了。Wǒ bù xué kāichē le.

　② 我不学了开车。

　③ 我不开学车了。

　④ 我不开车学了。

　　　「…しないことにした」という取り消し表現は "不…了" という呼応形を用います。「車の運転を習う」は "学开车" です。

(3) 彼女の描く漫画はとても人気があります。

　① 很受欢迎她画的漫画。

　❷ 她画的漫画很受欢迎。Tā huà de mànhuà hěn shòu huānyíng.

　③ 漫画她画的欢迎很受。

　④ 欢迎她画的漫画很受。

　　　主語の「彼女の描く漫画」は "她画的漫画"，述語の「とても人気がある」は "很受欢迎" です。

(4) 彼女は歌うのがとても上手だ。

　① 她唱得很好听唱歌。

　② 她好听唱歌唱得很。

58

③ 她很唱歌好听唱得。

❹ 她唱歌唱得很好听。Tā chàng gē chàngde hěn hǎotīng.

> 「…するのが…だ」は動詞・形容詞の後ろに"得"を加えて様態補語を導き「動詞＋"得"＋副詞＋形容詞」の語順をとります。目的語を伴っている場合は，「動詞＋目的語」をその前に置き，動詞を繰り返します。「歌を」という目的語があるので，動詞"唱"を繰り返して"唱歌唱得很好听"とします。

（5）2つ目の信号を左に曲がると着きます。

① 往第二个红绿灯左一拐就到了。

② 往左一拐就第二个红绿灯到了。

❸ 第二个红绿灯往左一拐就到了。

Dì-èr ge hónglǜdēng wǎng zuǒ yì guǎi jiù dào le.

④ 第二个红绿灯左往一拐就到了。

> "往…"で「…に向けて」と方向を表します。「左に曲がる」は"往左一拐"です。

2. 与えられた語句を用いて正確に文を組み立てることができるかどうかを問うています。

(2点×5)

（6）劉先生はもう北京に帰って行きました。

刘老师　④已经　②回　［ ❶北京 ］　③去　了。

Liú lǎoshī yǐjīng huí Běijīng qu le.

> 方向補語を伴う動詞に目的語がある場合は目的語を"来，去"の前に置きます。「北京に帰って行く」は"回北京去"です。副詞"已经"は動詞の前に置き，"了"と呼応します。

（7）庭にはたくさんの桜の木が植わっています。

②院子里　［ ❸种着 ］　①很　④多　櫻花树。

Yuànzi li zhòngzhe hěn duō yīnghuā shù.

> 存現文の語順は「場所＋動詞＋助詞や補語＋人・モノ」で，動詞の後ろにくる人・モノが意味上の主語となります。

第101回

解答と解説　［筆記］

59

(8) きょうはどうして学校に行かなかったのですか。

你　③ 今天　② 怎么　[❹ 没]　① 去　学校?

Nǐ jīntiān zěnme méi qù xuéxiào?

> "怎么"には方法と理由を尋ねる用法があります。学校に行かなかった理由を尋ねているので,「"怎么"＋他の成分(ここでは副詞の"没")＋動詞＋目的語」の語順です。

(9) わたしは彼女の家に遊びに行くチャンスがありません。

我　① 没有　④ 机会　[❷ 去]　③ 她家　玩儿。

Wǒ méiyǒu jīhui qù tā jiā wánr.

> 前の動詞が"没有",後ろの動詞句が"去她家玩儿"である連動文です。「主語＋"有／没有"＋名詞＋動詞句」という,後の動詞句が前の名詞"机会"を修飾する文型です。

(10) 先生は学生に新出単語を覚えるようにおっしゃいます。

老师　④ 叫　[❶ 学生]　③ 记　② 生词。

Lǎoshī jiào xuésheng jì shēngcí.

> 人に何かをさせるという使役文です。「命令者＋"叫"＋動作主＋動作主にさせる行為を表す動詞＋目的語」の語順です。

---

4 長文読解

> 解答：(1) ❸　(2) ❷　(3) ❶　(4) ❹　(5) ❸　(6) ❷

まとまった内容の長文を正確に理解できるかどうかを問うています。

　你们都知道 "superman(超人)" 吧，我妈妈就是一个 "超人"。我为什么这么说呢? [(1)因为] 妈妈有像 "超人" 一样的特异功能。妈妈的特异功能就是，她有一双 "千里眼"。

　那是一个星期六，妈妈出去买菜了，我自己在家做作业。妈妈出门后，我想：妈妈去超市买菜得一个小时 [(2)才] 能回来，我先玩儿一会儿游戏吧。5 等妈妈回来后我 [(3)再] 做作业。我用电脑玩儿了半个小时游戏，玩儿完后开始做作业。(6)我想妈妈肯定 [(4)不会] 知道我玩儿游戏的，可妈妈一回来就

60

知道了，还批评我学习不认真！如果妈妈没有"千里眼"，她 (5)怎么 知道我玩儿游戏了呢？

　　还有一天，我在二楼做作业，妈妈在一楼看书。写了一会儿，我觉得累了，就拿出一本漫画书，想先看一会儿。(6)我刚看了两、三页，妈妈就在楼下大声喊"先做完作业 (3)再 看漫画！"你们说，我的妈妈是不是"超人"？

　　Nǐmen dōu zhīdao "superman (chāorén) ba, wǒ māma jiù shì yí ge "chāorén". Wǒ wèi shénme zhème shuō ne? Yīnwei māma yǒu xiàng "chāorén" yíyàng de tèyì gōngnéng. Māma de tèyì gōngnéng jiù shì, tā yǒu yì shuāng "qiānlǐyǎn".

　　Nà shì yí ge xīngqīliù, māma chūqu mǎi cài le, wǒ zìjǐ zài jiā zuò zuòyè. Māma chūmén hòu, wǒ xiǎng: Māma qù chāoshì mǎi cài děi yí ge xiǎoshí cái néng huílai, wǒ xiān wánr yíhuìr yóuxì ba. Děng māma huílai hòu wǒ zài zuò zuòyè. Wǒ yòng diànnǎo wánrle bàn ge xiǎoshí yóuxì, wánrwán hòu kāishǐ zuò zuòyè. Wǒ xiǎng māma kěndìng bú huì zhīdao wǒ wánr yóuxì de, kě māma yì huílai jiù zhīdao le, hái pīpíng wǒ xuéxí bú rènzhēn! Rúguǒ māma méiyǒu "qiānlǐyǎn", tā zěnme zhīdao wǒ wánr yóuxì le ne?

　　Hái yǒu yìtiān, wǒ zài èr lóu zuò zuòyè, māma zài yī lóu kàn shū. Xiěle yíhuìr, wǒ juéde lèi le, jiù náchū yì běn mànhuàshū, xiǎng xiān kàn yíhuìr. Wǒ gāng kànle liǎng、sān yè, māma jiù zài lóuxià dà shēng hǎn "Xiān zuòwán zuòyè zài kàn mànhuà!" Nǐmen shuō, wǒ de māma shì bu shì "chāorén"?

訳：皆さんはスーパーマンを知っているでしょう，わたしの母はまさにスーパーマンです。わたしがどうしてこんなふうに言うかですって？　母がスーパーマンのような特殊な能力を持っているからです。母の特殊な能力とはつまり，「千里眼」を持っているのです。

　　それはある土曜日のこと，母は買い物に出かけて行き，わたし自身は家で宿題をしていました。母が出かけてから，わたしは「お母さんがスーパーに買い物に行くと戻るまで1時間はかかるだろうから，先にちょっとゲームをして遊ぼう。お母さんが帰ってきてから宿題をしよう」と思いました。わたしはパソコンで30分間ゲームをし，遊び終わってから宿題を始めました。(6)わたしがゲームをしたことは母には絶対分かるはずないと思いましたが，母は帰って来るなり分かってしまったばかりか，その上わたしが真面目に勉強していないと叱りました！　母が「千里眼」でなかったら，どうしてわたしがゲームで遊んだことが分かったのでしょうか。

　　さらにある日，わたしが2階で宿題をし，母は1階で本を読んでいました。ちょっとやると，わたしは疲れたので，漫画を1冊取り出して，先に少し読も

解答と解説　［筆記］

うと思いました。(6)わたしが2，3ページ読んだとたんに，母が階下から「まず宿題をしてから漫画を読みなさい！」と大きな声で叫びました。皆さん，わたしの母はスーパーマンだと思いませんか。

(1) 空欄補充 (3点)

① 所以 suǒyǐ　　② 如果 rúguǒ　　❸ 因为 yīnwei　　④ 但是 dànshì

> "我为什么这么说呢？"と「どうして？」に呼応するのは「…なので」と理由を表す③です。①は「だから」と因果関係を述べる文で結果を，②は「もしも」と仮定を，④は「しかし」と逆接を表します。

(2) 空欄補充 (3点)

① 都 dōu　　❷ 才 cái　　③ 就 jiù　　④ 刚 gāng

> 副詞の問題です。買い物に行った母親が1時間後にようやく帰ってくると思っているので，「ようやく，やっと」という意味の②が正解です。①は「いずれも，みんな」，③は「すぐ」，④は「…したばかり」という意味です。

(3) 空欄補充 (3点)

❶ 再 zài　　② 还 hái　　③ 在 zài　　④ 又 yòu

> 副詞の問題です。"等…再…"（…してから…），"先…再…"（まず…してから…）という文です。②は「まだ，さらに」，③は「…している」，④は「また」という意味です。

(4) 空欄補充 (3点)

① 不得 bùdé　　② 不过 búguò　　③ 不要 búyào　　❹ 不会 bú huì

> ④は"不会…的"で「（まさか）…のはずがない」という意味です。①は「…してはならない」，②は「…にすぎない」，③は「…してはいけない」という意味です。

(5) 空欄補充 (3点)

① 那么 nàme　　② 什么 shénme　　❸ 怎么 zěnme　　④ 多么 duōme

> ①は「そんなに」，②は「なに，どんな」，③は「どうやって」，④は「な

んと，どんなに」という意味です。疑問文ですので，①と④は除外されます。"知道我玩儿游戏了呢？"が続いているので，「どうやって知ったか」という意味を表す③が正解です。

(6) 内容の一致　　　　　　　　　　　　　　　　　　　　　　(5点)

① 我妈妈真有和"超人"一样的特殊能力。
Wǒ māma zhēn yǒu hé "chāorén" yíyàng de tèshū nénglì.
わたしの母はほんとうにスーパーマンと同じ特殊能力を持っています。

❷ 我不认真做作业时总能被妈妈发现。
Wǒ bú rènzhēn zuò zuòyè shí zǒng néng bèi māma fāxiàn.
わたしが真面目に宿題をしない時はいつも母にお見通しです。

③ 我每次都是先玩儿一会儿后做作业。
Wǒ měi cì dōu shì xiān wánr yíhuìr hòu zuò zuòyè.
わたしは毎回先にちょっと遊んでから宿題をします。

④ 妈妈不在家的时候我就不做作业了。
Māma bú zài jiā de shíhou wǒ jiù bú zuò zuòyè le.
母が家にいない時にはわたしは宿題をしません。

　"我想妈妈肯定不会知道我玩儿游戏的，可妈妈一回来就知道了，还批评我学习不认真！"や"我刚看了两、三页，妈妈就在楼下大声喊'先做完作业再看漫画！'"から②が正解です。

---

5 日文中訳　　　　　　　　　　　　　　　　　　　　　　(4点×5)

(1) わたしはまだ仕事が見つかりません。
我还没（有）找到工作呢。
Wǒ hái méi (you) zhǎodào gōngzuò ne.

　「まだ…していない」は"还没（有）…呢"で表します。結果補語"找到"は"没"または"没有"で否定します。

(2) わたしは中国語を学んでもう2年になります。
我已经学（了）两年汉语了。
Wǒ yǐjīng xué (le) liǎng nián Hànyǔ le.

　2年前から中国語を学び始めて，現在も学んでおり，これからも学び続けるという動作の継続時間を表すのは文末の"了"です。動詞の後ろ

に付く完了を表す"了"は省略可能です。

(3) 彼女は少しドイツ語が話せます。

她会说一点儿德语。

Tā huì shuō yìdiǎnr Déyǔ.

　　外国語など練習や訓練をして身に付けて「できる」ことは"会"を使っ
て表します。

(4) この本はどこで買ったのですか。

这本书是在哪儿买的?

Zhè běn shū shì zài nǎr mǎi de?

　　"买"という動作は実現済みなので，"是…的"構文を用います。"在
哪儿买"を"是…的"の中に入れます。

(5) わたしは毎日自転車で学校に行きます。

我每天骑自行车去学校。

Wǒ měi tiān qí zìxíngchē qù xuéxiào.

　　「毎日」という時間を表す語は動詞の前に置きます。「自転車で学校に
行く」は連動文ですから，動作の起こる順に動詞句を並べます。日本語
の語順と異なりますので，注意しましょう。「学校に行く」は"上学"
でもかまいません。

第102回
(2021年3月)

問 題

　　解答時間：計100分

　　配点：リスニング100点，筆記100点

解答と解説

03 **1** 1. (1)～(5)の問いの答えとして最も適当なものを，①～④の中から１つ選びなさい。

(25点)

04 (1)

①　　　　　　②　　　　　　③　　　　　　④

05 (2)

①　　　　　　②　　　　　　③　　　　　　④

06 (3)

①　　　　　　②　　　　　　③　　　　　　④

07 (4)

①　　　　　　②　　　　　　③　　　　　　④

08 (5)

①　　　　　　②　　　　　　③　　　　　　④

09 2. (6)～(10)のＡとＢの対話を聞き，それに続くＡの発話として最も適当なものを，①～④の中から１つ選びなさい。

(25点)

10 (6)

①　　　　　　②　　　　　　③　　　　　　④

11 (7)

①　　　　　　②　　　　　　③　　　　　　④

12 (8)

①　　　　　　②　　　　　　③　　　　　　④

13 (9)

①　　　　　　②　　　　　　③　　　　　　④

14 (10)

①　　　　　　②　　　　　　③　　　　　　④

15 **2** 中国語を聞き，(1)～(10)の問いの答えとして最も適当なものを，①～④の中から1
つ選びなさい。 (50点)

16
23

(1)～(5)の問いは音声のみで，文字の印刷はありません。

18 (1)
25 　①　　　　　　　②　　　　　　　③　　　　　　　④

19 (2)
26 　①　　　　　　　②　　　　　　　③　　　　　　　④

20 (3)
27 　①　　　　　　　②　　　　　　　③　　　　　　　④

21 (4)
28 　①　　　　　　　②　　　　　　　③　　　　　　　④

22 (5)
29 　①　　　　　　　②　　　　　　　③　　　　　　　④

31
38

32　⑹　我们学校什么时候期末考试？

39　　　　① 　　　　　② 　　　　　③ 　　　　　④

33　⑺　我为什么要去打工？

40　　　　① 　　　　　② 　　　　　③ 　　　　　④

34　⑻　小刚的老家在哪里？

41　　　　① 　　　　　② 　　　　　③ 　　　　　④

35　⑼　我妈妈怎么去超市？

42　　　　① 　　　　　② 　　　　　③ 　　　　　④

36　⑽　我妈妈今天打算做什么菜？

43　　　　① 　　　　　② 　　　　　③ 　　　　　④

1 1. (1)～(5)の中国語と声調の組み合わせが同じものを，①～④の中から１つ選びなさい。　(10点)

(1) 医院　　　　① 杂志　　　② 交通　　　③ 新闻　　　④ 高兴

(2) 滑雪　　　　① 雨衣　　　② 牛奶　　　③ 历史　　　④ 已经

(3) 幸福　　　　① 利用　　　② 练习　　　③ 国际　　　④ 健康

(4) 寒假　　　　① 马上　　　② 考试　　　③ 写信　　　④ 容易

(5) 重要　　　　① 睡觉　　　② 电影　　　③ 文化　　　④ 外国

2. (6)～(10)の中国語の正しいピンイン表記を，①～④の中から１つ選びなさい。　(10点)

(6) 经常　　① jīngchǎng　② qīngchǎng　③ jīngcháng　④ qīngcháng

(7) 安静　　① ānjīng　　② ānjìng　　③ ànjīng　　④ ànjìng

(8) 介绍　　① jièsào　　② qièsào　　③ jièshào　　④ qièshào

(9) 参观　　① cānguān　② kānguān　③ cānguàn　④ kānguàn

(10) 身体　　① xīntǐ　　② xīntí　　③ shēntí　　④ shēntǐ

2 (1)～(10)の中国語の空欄を埋めるのに最も適当なものを，①～④の中から 1 つ選び
なさい。 (20 点)

(1) 我经常 (　　　) 妈妈打电话。
　　① 向　　　　　② 对　　　　　③ 给　　　　　④ 往

(2) 我昨天是坐地铁来 (　　　)。
　　① 的　　　　　② 了　　　　　③ 过　　　　　④ 着

(3) 他的提案 (　　　) 大家否决了。
　　① 从　　　　　② 使　　　　　③ 到　　　　　④ 被

(4) 你什么时候 (　　　) 可以来找我。
　　① 就　　　　　② 都　　　　　③ 又　　　　　④ 更

(5) 妈妈 (　　　) 她去买面包。
　　① 让　　　　　② 被　　　　　③ 把　　　　　④ 向

(6) 她很热情 (　　　) 招待客人。
　　① 了　　　　　② 得　　　　　③ 的　　　　　④ 地

(7) 屋子里 (　　　) 着一张桌子。
　　① 挂　　　　　② 坐　　　　　③ 放　　　　　④ 站

(8) 我 (　　　) 手机忘在家里了。
　　① 往　　　　　② 把　　　　　③ 让　　　　　④ 给

(9) 大家都愿意听，请你继续说 (　　　)。
　　① 下来　　　　② 下去　　　　③ 上来　　　　④ 上去

(10) 我 (　　　) 很想去旅游，但是没有时间。
　　① 只有　　　　② 不管　　　　③ 虽然　　　　④ 如果

1. (1)〜(5)の日本語の意味に合う中国語を，①〜④の中から 1 つ選びなさい。

（10 点）

(1) まだ何か言いたいことはありますか。

    ① 什么要说的还有吗？

    ② 还有什么要说的吗？

    ③ 还有要说的什么吗？

    ④ 还要说什么的有吗？

(2) わたしはまだ宿題をやり終えていません。

    ① 我做完还没作业。

    ② 我作业还做没完。

    ③ 我做作业还没完。

    ④ 我还没做完作业。

(3) わたしは彼女に 1 度会ったことがあります。

    ① 我跟她见过一次面。

    ② 我跟她见面过一次。

    ③ 我一次跟她见过面。

    ④ 我见面过一次跟她。

(4) 彼女はたった 1 か月でマスターしました。

    ① 她只用一个月就学会了。

    ② 她只就用一个月学会了。

    ③ 她就学会了只用一个月。

    ④ 她就学会了用只一个月。

(5) この文章を中国語に訳してください。

    ① 请把这篇文章翻译中文成。

    ② 请把这篇文章中文成翻译。

    ③ 请把这篇文章翻译成中文。

    ④ 请把这篇文章成中文翻译。

2. (6)～(10)の日本語の意味になるように①～④を並べ替えたときに，[　　]内に入るものを選びなさい。　　　　　　　　　　　　　　　　　　　　　（10点）

(6) 今回の試験は前回よりずっと易しい。

这次考试＿＿＿＿＿ ＿＿＿＿＿ [＿＿＿＿] ＿＿＿＿＿。

① 容易　　　　　② 比　　　　　③ 得多　　　　④ 上次

(7) 壁に1枚の水墨画が掛けてあります。

墙上＿＿＿＿＿ [＿＿＿＿] ＿＿＿＿＿ ＿＿＿＿＿。

① 水墨画　　　② 着　　　　　③ 挂　　　　　④ 一幅

(8) わたしは映画を観る時間がありません。

我＿＿＿＿＿ [＿＿＿＿] ＿＿＿＿＿ ＿＿＿＿＿。

① 电影　　　　② 看　　　　　③ 时间　　　　④ 没有

(9) あなたはどうしてこんなに遅く来たのですか。

你＿＿＿＿＿ ＿＿＿＿＿ ＿＿＿＿＿ [＿＿＿＿] 来?

① 怎么　　　　② 这么　　　　③ 才　　　　　④ 晚

(10) 昨年わたしは中国で2か月仕事をしました。

去年我＿＿＿＿＿ [＿＿＿＿] ＿＿＿＿＿ ＿＿＿＿＿。

① 两个月　　　② 在中国　　　③ 了　　　　　④ 工作

4 次の文章を読み，(1)〜(6)の問いの答えとして最も適当なものを，①〜④の中から
1 つ選びなさい。 (20 点)

　我来东京已经十五年了，____(1)____工作的关系，每个春节都不能回国。古人
说："每逢佳节倍思亲"，意思是一到节日的时候，就会更加想念远方的亲人。每
年春节，我都会体验一次这种感受。在东京，虽然可以包饺子，也看____(2)____到
春节联欢晚会的电视节目，但总觉得缺少点儿什么。对于中国人来说，春节的特
殊意义就在于家人团圆，朋友欢聚。

　但是，没有想到今年春节前后有很多亲戚和朋友都来日本了。我在东京享受
到了家人团圆、朋友欢聚的快乐。春节期间，我们家几乎天天有客人来，房间里
放满了他们____(3)____中国带来的礼物。看到家里来了这么多客人，我五岁的女儿
非常高兴。她去年曾经跟妈妈回中国过春节，还记得中国过春节的热闹气氛。

　女儿问我："爸爸，是不是日本也开始过春节了？"我不由得笑了，跟她说：
"不是的，中国有一个大书法家叫颜真卿，他一千二百多年前写的字，现在在东
京国立博物馆展览呢。(4)这可是难得一见的宝物，咱们家的亲戚朋友都没见过，
想亲眼看看。____(5)____看这件宝物，他们都到东京来了。"

(1) 空欄(1)を埋めるのに適当なものはどれか。

　　① 由于　　　　② 尽管　　　　③ 不论　　　　④ 如果

(2) 空欄(2)を埋めるのに適当なものはどれか。

　　① 能　　　　　② 得　　　　　③ 会　　　　　④ 着

(3) 空欄(3)を埋めるのに適当なものはどれか。

　　① 向　　　　　② 离　　　　　③ 给　　　　　④ 从

(4) 下線部(4)の日本語の意味として適当なものはどれか。

　　① これはなかなか手に入らない宝物です。

　　② これはなかなか見られない宝物です。

　　③ これはしかし目に見えない宝物です。

　　④ これはしかし1度しか見られない宝物です。

(5) 空欄(5)を埋めるのに適当なものはどれか。

① 关于　　　　　② 通过　　　　　③ 为了　　　　　④ 对于

(6) 本文の内容と一致するものはどれか。

① 我和我爱人一直都没有回中国过春节。

② 我送给来东京的亲人朋友们很多礼物。

③ 我女儿不理解家里为什么会来这么多人。

④ 在东京不可能体验到亲人朋友欢聚的快乐。

5　(1)～(5)の日本語を中国語に訳し，漢字（簡体字）で書きなさい。
　　（漢字は崩したり略したりせずに書き，文中・文末には句読点や疑問符をつけること。）

(20点)

(1) わたしは彼らと一緒に食事に行くつもりです。

(2) わたしはコンビニでコーヒーを2杯買いました。

(3) もし時間があれば，わたしは行きます。

(4) あなたは中国語の小説を読んで分かりますか。

(5) 東京から大連まで飛行機でどのくらい時間がかかりますか。

リスニング

1 会 話

解答：(1)**②** (2)**④** (3)**①** (4)**②** (5)**①** (6)**②** (7)**②** (8)**①** (9)**④** (10)**③**

1. 日常会話でよく使われる問いに対し，正確に答えることができるかどうかを問うています。 (5点×5)

04 (1) 問：你们学校食堂的菜怎么样？
Nǐmen xuéxiào shítáng de cài zěnmeyàng?
あなたたちの学校の食堂の料理はどうですか。

答：① 不错，很大，有空调。
Búcuò, hěn dà, yǒu kōngtiáo.
いいですよ，広くて，エアコンがあります。

② 不错，又便宜又好吃。
Búcuò, yòu piányi yòu hǎochī.
いいですよ，安いし，おいしい。

③ 不行，又远，人又多。
Bùxíng, yòu yuǎn, rén yòu duō.
だめです，遠いし，人も多い。

④ 不行，不大，人很少。
Bùxíng, bú dà, rén hěn shǎo.
だめです，広くないし，人が少ない。

05 (2) 問：你什么时候去打工？
Nǐ shénme shíhou qù dǎgōng?
あなたはいつアルバイトに行きますか。

答：① 我打两个小时工。
Wǒ dǎ liǎng ge xiǎoshí gōng.
わたしは2時間アルバイトをします。

② 我五点去打网球。
Wǒ wǔ diǎn qù dǎ wǎngqiú.
わたしは5時にテニスをしに行きます。

③ 我下了课就回家。
Wǒ xiàle kè jiù huí jiā.
わたしは授業が終わったらすぐ家に帰ります。

④ 我现在马上就去。
Wǒ xiànzài mǎshàng jiù qù.
わたしは今すぐに行きます。

06 (3) 問：东京的夏天热，还是上海的夏天热？
Dōngjīng de xiàtiān rè, háishi Shànghǎi de xiàtiān rè?
東京の夏が暑いですか，それとも上海の夏が暑いですか。

答：❶ 东京和上海一样热。　　　　　　　東京は上海と同じくらい暑い。
　　　Dōngjīng hé Shànghǎi yíyàng rè.

　　② 东京比上海冷一点儿。　　　　　　東京は上海より少し寒い。
　　　Dōngjīng bǐ Shànghǎi lěng yìdiǎnr.

　　③ 上海比东京大多了。　　　　　　　上海は東京よりずっと大きい。
　　　Shànghǎi bǐ Dōngjīng dà duō le.

　　④ 上海没有东京热闹。　　　　　　　上海は東京ほどにぎやかでは
　　　Shànghǎi méiyǒu Dōngjīng rènao.　ありません。

07 (4) 問：欢迎光临，您喝点儿什么?　　　　いらっしゃいませ，何をお飲
　　　Huānyíng guānglín, nín hē diǎnr shénme?　みになりますか。

　　答：① 我吃一碗面条儿。　　　　　　　麺を下さい。
　　　　Wǒ chī yì wǎn miàntiáor.

　　　❷ 我要一杯咖啡。　　　　　　　　コーヒーを下さい。
　　　　Wǒ yào yì bēi kāfēi.

　　　③ 我要一盒点心。　　　　　　　　お菓子を下さい。
　　　　Wǒ yào yì hé diǎnxin.

　　　④ 我买一个面包。　　　　　　　　パンを下さい。
　　　　Wǒ mǎi yí ge miànbāo.

08 (5) 問：你们星期几上汉语课?　　　　　あなたたちは何曜日に中国語
　　　Nǐmen xīngqī jǐ shàng Hànyǔ kè?　の授業がありますか。

　　答：❶ 我们星期二有汉语课。　　　　　わたしたちは火曜日に中国語
　　　　Wǒmen xīngqī'èr yǒu Hànyǔ kè.　の授業があります。

　　　② 我们学了一个星期汉语。　　　　わたしたちは1週間中国語を
　　　　Wǒmen xuéle yí ge xīngqī Hànyǔ.　勉強しました。

　　　③ 我们昨天上汉语课了。　　　　　わたしたちはきのう中国語の
　　　　Wǒmen zuótiān shàng Hànyǔ kè le.　授業がありました。

　　　④ 我们今天上两节汉语课。　　　　わたしたちはきょう2コマ中
　　　　Wǒmen jīntiān shàng liǎng jié Hànyǔ kè.　国語の授業があります。

2. 問いと答えだけで終わるのではなく，相手の答えに対してもう一度反応を示すことができるかどうかを問うています。 (5点×5)

10 (6)
A：喂，是孙小明家吗？
Wéi, shì Sūn Xiǎomíng jiā ma?

もしもし，孫小明さんのお宅ですか。

B：是啊，您是哪位？
Shì a, nín shì nǎ wèi?

そうです。どちら様ですか。

A：① 我们都是老朋友了，不用客气。
Wǒmen dōu shì lǎopéngyou le, búyòng kèqi.

わたしたちはみな昔からの友達ですから，遠慮は要りません。

❷ 我是他同学，有件事儿要告诉他。
Wǒ shì tā tóngxué, yǒu jiàn shìr yào gàosu tā.

わたしは彼のクラスメートです，彼に伝えたいことがあるのです。

③ 我们一共三个人，打算开车去。
Wǒmen yígòng sān ge rén, dǎsuan kāichē qù.

わたしたちは全部で3人ですから，車で行くつもりです。

④ 我刚毕业，现在正在找工作。
Wǒ gāng bìyè, xiànzài zhèngzài zhǎo gōngzuò.

わたしは卒業したばかりで，いま仕事を探しているところです。

11 (7)
A：昨天晚上我和朋友一起去看电影了。
Zuótiān wǎnshang wǒ hé péngyou yìqǐ qù kàn diànyǐng le.

きのうの夜，わたしは友達と一緒に映画を観に行きました。

B：是吗，你们是在哪儿看的电影？
Shì ma, nǐmen shì zài nǎr kàn de diànyǐng?

そうですか。あなたたちはどこで映画を観たのですか。

A：① 我们昨天看了两部电影。
Wǒmen zuótiān kànle liǎng bù diànyǐng.

わたしたちはきのう映画を2本観ました。

❷ 是在车站附近的电影院看的。Shì zài chēzhàn fùjìn de diànyǐngyuàn kàn de.

駅の近くの映画館で観ました。

③ 我们正在电影院看电影呢。Wǒmen zhèngzài diànyǐngyuàn kàn diànyǐng ne.

わたしたちはいま映画館で映画を観ているところです。

④ 是前天晚上七点看的电影。Shì qiántiān wǎnshang qī diǎn kàn de diànyǐng.

おとといの夜7時に映画を観たのです。

12 (8) A：你这个星期天打算干什么？
　　　　Nǐ zhège xīngqītiān dǎsuan gàn shénme?

あなたは今度の日曜日に何をするつもりですか。

B：我想跟铃木一起去买东西。
　　Wǒ xiǎng gēn Língmù yìqǐ qù mǎi dōngxi.

鈴木さんと一緒に買い物に行こうと思います。

A：❶ 我可以跟你们一起去吗？
　　　Wǒ kěyǐ gēn nǐmen yìqǐ qù ma?

わたしもあなたたちと一緒に行ってもいいですか。

② 你跟他一起听音乐，怎么样？
　　Nǐ gēn tā yìqǐ tīng yīnyuè, zěnmeyàng?

彼と一緒に音楽を聴きませんか。

③ 我也去图书馆看书吧。
　　Wǒ yě qù túshūguǎn kàn shū ba.

わたしも図書館へ本を読みに行きましょう。

④ 你跟我们一起去，怎么样？
　　Nǐ gēn wǒmen yìqǐ qù, zěnmeyàng?

わたしたちと一緒に行きませんか。

13 (9) A：小李，你会不会做麻婆豆腐？
　　　　Xiǎo Lǐ, nǐ huì bu huì zuò mápó dòufu?

李さん，あなたはマーボー豆腐を作れますか。

B：会做呀，跟我妈妈学的。
　　Huì zuò ya, gēn wǒ māma xué de.

作れますよ，母から教わったのです。

A：① 那你让我做好吗？
　　　Nà nǐ ràng wǒ zuò hǎo ma?

では，わたしに作らせていただけますか。

② 那我自己做好吗？
　　Nà wǒ zìjǐ zuò hǎo ma?

では，わたしが自分で作りましょうか。

③ 那我给你做好吗？
　　Nà wǒ gěi nǐ zuò hǎo ma?

では，あなたに作ってあげましょうか。

❹ 那你教我做好吗？
　　Nà nǐ jiāo wǒ zuò hǎo ma?

では，わたしに作り方を教えてくれますか。

14 (10) A：我想给小王打电话，你知道他的电话号码吗？　Wǒ xiǎng gěi Xiǎo Wáng dǎ diànhuà, nǐ zhīdao tā de diànhuà hàomǎ ma?

王さんに電話をしたいのですが，あなたは彼の電話番号を知っていますか。

B：不知道，我都是用微信跟他联系。
　　Bù zhīdào, wǒ dōu shì yòng wēixìn gēn tā liánxì.

知りません。わたしはいつもウィーチャットで彼と連絡しています。

A：① 那你把他的电话号码告诉我。
　　　Nà nǐ bǎ tā de diànhuà hàomǎ gàosu wǒ.

では，彼の電話番号を教えてください。

② 那你用微信跟我联系一下。
Nà nǐ yòng wēixìn gēn wǒ liánxì yíxià.

では，ウィーチャットでわたしに連絡してください。

❸ 那你把他的微信号告诉我。
Nà nǐ bǎ tā de wēixìn hào gàosu wǒ.

では，彼のウィーチャットID を教えてください。

④ 那你打电话跟他联系一下。
Nà nǐ dǎ diànhuà gēn tā liánxì yíxià.

では，あなたは電話で彼に連絡してください。

---

2 長文聴解

解答：(1)❸ (2)❷ (3)❹ (4)❶ (5)❸ (6)❶ (7)❸ (8)❶ (9)❷ (10)❷

(5点×5)

16 A：喂，是田中吗？我是晓红。
Wéi, shì Tiánzhōng ma? Wǒ shì Xiǎohóng.

B：是晓红啊，你好！找我有什么事儿吗？
Shì Xiǎohóng a, nǐ hǎo! Zhǎo wǒ yǒu shénme shìr ma?

A：(1)我想问你奥运会比赛的票好不好买。
Wǒ xiǎng wèn nǐ Àoyùnhuì bǐsài de piào hǎo bu hǎo mǎi.　5

B：很多比赛的票都不好买。
Hěn duō bǐsài de piào dōu bù hǎo mǎi.

A：你买到了吗？买的是什么比赛的票？
Nǐ mǎidào le ma? Mǎi de shì shénme bǐsài de piào?

B：我买到了，是足球比赛的票。
Wǒ mǎidào le, shì zúqiú bǐsài de piào.

A：你是什么时候买的？
Nǐ shì shénme shíhou mǎi de?　10

B：我是两个月前买的。
Wǒ shì liǎng ge yuè qián mǎi de.

17 A：你怎么那么早就买了呢？
Nǐ zěnme nàme zǎo jiù mǎi le ne?

B：(3)看足球、网球和乒乓球比赛的人很多，票不好买。
Kàn zúqiú、wǎngqiú hé pīngpāngqiú bǐsài de rén hěn duō, piào bù hǎo mǎi.

A：(2)我想看游泳比赛，而且我得买三张票呢。
Wǒ xiǎng kàn yóuyǒng bǐsài, érqiě wǒ děi mǎi sān zhāng piào ne.　15

B：为什么要买三张呢？
Wèi shénme yào mǎi sān zhāng ne?

A：(5)我爸爸妈妈要从上海来看比赛。
Wǒ bàba māma yào cóng Shànghǎi lái kàn bǐsài.

B：那你得赶快去买了，听说看游泳比赛的人也很多。
Nà nǐ děi gǎnkuài qù mǎi le, tīngshuō kàn yóuyǒng bǐsài de rén yě hěn duō.　20

A：你的票是在哪儿买的？ Nǐ de piào shì zài nǎr mǎi de?

B：(4)我是在互联网上买的，你也可 Wǒ shì zài hùliánwǎng shang mǎi de, nǐ
以上网试一试。 yě kěyǐ shàng wǎng shìyishi.

A：好，那我现在就上网看一下。 Hǎo, nà wǒ xiànzài jiù shàngwǎng kàn 25
yíxià.

B：祝你好运！ Zhù nǐ hǎoyùn!

訳：

A：もしもし，田中君ですか。暁紅です。

B：ああ暁紅，こんにちは。何か用？

A：(1)聞きたいのだけれど，オリンピックのチケットは手に入れやすいの？

B：多くの試合のチケットはどれも手に入れにくいよ。

A：あなたは買えたの？買ったのは何の競技のチケットなの？

B：ぼくは買えたよ，サッカーの試合のチケットさ。

A：いつ買ったの？

B：2か月前に買ったんだ。

A：どうしてそんなに早く買ったの？

B：(3)サッカー，テニス，卓球の試合は観客が多いから，チケットは手に入れにくいんだ。

A：(2)わたしは競泳を観たいの。しかも3枚買わなくてはならないの。

B：どうして3枚買わなければならないの？

A：(5)両親が上海から競技を観に来るの。

B：では，早く買いに行かなくては。競泳を観る人も大勢いるそうだから。

A：あなたのチケットはどこで買ったの？

B：(4)ネットで買ったんだ。きみもネットで試してみたら？

A：OK，では，今からすぐネットで見てみましょう。

B：幸運を祈っているよ。

18 (1) 問：晓红为什么给田中打电话？ Xiǎohóng 暁紅はなぜ田中君に電話をし
wèi shénme gěi Tiánzhōng dǎ diànhuà? たのですか。

答：① 晓红想一个人去看比赛。 暁紅は一人で試合を観に行こ
Xiǎohóng xiǎng yí ge rén qù kàn bǐsài. うと思ったから。

② 晓红想给田中买三张票。Xiǎohóng 暁紅は田中君のためにチケッ
xiǎng gěi Tiánzhōng mǎi sān zhāng piào. トを3枚買ってあげようと
思ったから。

❸ 晓红想买奥运会比赛的票。Xiǎohóng xiǎng mǎi Àoyùnhuì bǐsài de piào.

晓紅はオリンピック競技のチケットを買いたかったから。

④ 晓红想跟田中一起去看比赛。Xiǎohóng xiǎng gēn Tiánzhōng yìqǐ qù kàn bǐsài.

晓紅は田中君と一緒に競技を観に行こうと思ったから。

19 (2) 問：晓红打算买什么比赛的票？Xiǎohóng dǎsuan mǎi shénme bǐsài de piào?

晓紅は何の競技のチケットを買うつもりですか。

答：① 网球比赛。　Wǎngqiú bǐsài.

テニスの試合。

❷ 游泳比赛。　Yóuyǒng bǐsài.

競泳。

③ 足球比赛。　Zúqiú bǐsài.

サッカーの試合。

④ 乒乓球比赛。Pīngpāngqiú bǐsài.

卓球の試合。

20 (3) 問：田中为什么两个月前就买好票了？Tiánzhōng wèi shénme liǎng ge yuè qián jiù mǎihǎo piào le?

田中君はなぜ2か月前にもうチケットを買ったのですか。

答：① 因为看足球比赛的人不多。Yīnwei kàn zúqiú bǐsài de rén bù duō.

サッカーの試合を観る人は多くないから。

② 因为他没有时间去买票。Yīnwei tā méiyǒu shíjiān qù mǎi piào.

彼はチケットを買いに行く時間がないから。

③ 因为晓红喜欢看足球比赛。Yīnwei Xiǎohóng xǐhuan kàn zúqiú bǐsài.

晓紅がサッカーの試合を観るのが好きだから。

❹ 因为足球比赛的票不好买。Yīnwei zúqiú bǐsài de piào bù hǎo mǎi.

サッカーの試合のチケットは手に入れにくいから。

21 (4) 問：田中的票是怎么买的？Tiánzhōng de piào shì zěnme mǎi de?

田中君のチケットはどうやって買ったのですか。

答：❶ 在互联网上买的。Zài hùliánwǎng shang mǎi de.

インターネットで買った。

② 打电话买的。Dǎ diànhuà mǎi de.

電話をして買った。

③ 从中国买来的。Cóng Zhōngguó mǎilai de.

中国から買ってきた。

④ 让晓红买来的。Ràng Xiǎohóng mǎilai de.

晓紅に買ってきてもらった。

22 (5) 問：晓红为什么要买三张票？　Xiǎohóng wèi
shénme yào mǎi sān zhāng piào?

答：① 因为田中的爸爸妈妈想看比赛。Yīnwei
Tiánzhōng de bàba māma xiǎng kàn bǐsài.

② 因为爸爸妈妈还没有来过日本。Yīnwei
bàba māma hái méiyou láiguo Rìběn.

❸ 因为要跟爸爸妈妈一起看比赛。Yīnwei
yào gēn bàba māma yìqǐ kàn bǐsài.

④ 因为爸爸妈妈要来日本打网球。Yīnwei
bàba māma yào lái Rìběn dǎ wǎngqiú.

晓紅はなぜチケットを３枚
買いたいのですか。

田中君の両親が競技を観た
がっているから。

両親がまだ日本に来たこと
がないから。

両親と一緒に競技を観たい
から。

両親がテニスをしに日本に
来る予定だから。

佐藤君の夏休みの計画と小剛君との交友です。　　　　　　　(5点×5)

30　　我叫佐藤一郎，是大学三年级的学生。(6)我们学校从上个星期二到这个星期三进行期末考试。考完试就放暑假了。我下星期一就开始去打工，(7)因为我想自己挣钱暑假去北海道旅游。每年放假的时候我都去国内外旅行，一年级的春假去了京都，二年级的暑假去了韩国。(8)我还跟我们班的中国留学生张小刚约好了，明年暑假他回广州老家时，跟他一起去广州玩儿。　　5

31　　小刚是我的好朋友，他经常帮助我学习汉语。今天星期天，我请小刚来家里吃饭。上午我跟妈妈一起去超市买东西了。我家离超市不太远，(9)我妈妈经常一个人骑自行车去买东西，有时还走着去。因为今天要买的东西多，所以我们是开车去的。我妈妈会做日本菜，也会做一些中国菜，但我更喜欢妈妈做的法国菜。今天小刚来家里玩儿，(10)我妈妈准备给他做法国菜。　　10

Wǒ jiào Zuǒténg Yīláng, shì dàxué sān niánjí de xuésheng. Wǒmen xuéxiào cóng shàng ge xīngqī'èr dào zhège xīngqīsān jìnxíng qīmò kǎoshì. Kǎowán shì jiù fàng shǔjià le. Wǒ xià xīngqīyī jiù kāishǐ qù dǎgōng, yīnwei wǒ xiǎng zìjǐ zhèng qián shǔjià qù Běihǎi Dào lǚyóu. Měi nián fàngjià de shíhou wǒ dōu qù guónèiwài lǚxíng, yī niánjí de chūnjià qùle Jīngdū, èr niánjí de shǔjià qùle Hánguó. Wǒ hái gēn wǒmen bān de Zhōngguó liúxuéshēng Zhāng Xiǎogāng yuēhǎo le, míngnián shǔjià tā huí Guǎngzhōu lǎojiā shí, gēn tā yìqǐ qù Guǎngzhōu wánr.

Xiǎogāng shì wǒ de hǎo péngyou, tā jīngcháng bāngzhù wǒ xuéxí Hànyǔ. Jīntiān xīngqītiān, wǒ qǐng Xiǎogāng lái jiāli chī fàn. Shàngwǔ wǒ gēn māma yìqǐ qù chāoshì mǎi dōngxi le. Wǒ jiā lí chāoshì bú tài yuǎn, wǒ māma jīngcháng yí ge rén qí zìxíngchē qù mǎi dōngxi, yǒushí hái zǒuzhe qù. Yīnwei jīntiān yào mǎi de dōngxi duō, suǒyǐ wǒmen shì kāichē qù de. Wǒ māma huì zuò Rìběn cài, yě huì zuò yìxiē Zhōngguó cài, dàn wǒ gèng xǐhuan māma zuò de Fǎguó cài. Jīntiān Xiǎogāng lái jiāli wánr, wǒ māma zhǔnbèi gěi tā zuò Fǎguó cài.

訳：ぼくは佐藤一郎といいます。大学3年生です。(6)ぼくたちの学校は先週の火曜日から今週の水曜日まで期末試験があります。試験が終われば夏休みになります。ぼくは来週の月曜日からもうアルバイトを始めます。(7)自分でお金を稼いで夏休みに北海道へ旅行に行くつもりだからです。毎年休みのとき，ぼくは国内外へ旅行に行きます。1年生の春休みには京都に行き，2年生の夏休みには韓国に行きました。(8)ぼくはクラスの中国人留学生の張小剛と約束もしています。来年の夏休みに彼が広州の郷里に帰るとき，彼と一緒に広州へ遊びに行くことにしているのです。

　小剛はぼくの親友で，いつもぼくの中国語学習を手伝ってくれます。きょうは日曜日で小剛を家に食事に招待しました。午前中にぼくは母と一緒にスーパーへ買い物に行きました。わが家はスーパーからそれほど遠くないので，(9)母はいつも一人で自転車で買い物に行きます。歩いて行くこともあります。きょうは買う物がたくさんあるので，ぼくたちは車で行きました。母は日本料理を作ることができるし，中華料理もいくつか作ることができます。でも，ぼくは母が作るフランス料理のほうがもっと好きです。きょうは小剛が家に遊びに来るので，(10)母は彼のためにフランス料理を作るつもりです。

32 (6) 問：我们学校什么时候期末考试？　　　　ぼくたちの学校はいつ期末
　　　　　Wǒmen xuéxiào shénme shíhou qīmò kǎoshì?　　試験ですか。

　　答：❶ 从上个星期二到这个星期三。Cóng　　先週の火曜日から今週の水
　　　　　shàng ge xīngqī'èr dào zhège xīngqīsān.　　曜日まで。

　　　　② 从上个星期三到这个星期二。Cóng　　先週の水曜日から今週の火
　　　　　shàng ge xīngqīsān dào zhège xīngqī'èr.　　曜日まで。

　　　　③ 从上个星期二到下个星期一。Cóng　　先週の火曜日から来週の月
　　　　　shàng ge xīngqī'èr dào xià ge xīngqīyī.　　曜日まで。

　　　　④ 从上个星期三到这个星期天。Cóng　　先週の水曜日から今週の日
　　　　　shàng ge xīngqīsān dào zhège xīngqītiān.　　曜日まで。

33 (7) 問：我为什么要去打工？　　　　　　　ぼくはなぜアルバイトをし
　　　　　Wǒ wèi shénme yào qù dǎgōng?　　　に行かなくてはならないの
　　　　　　　　　　　　　　　　　　　　　　ですか。

答：① 因为快要期末考试了。　　　　　もうすぐ期末試験だから。
　　　　Yīnwei kuàiyào qīmò kǎoshì le.

　　② 因为要请张小刚吃饭。　　　　张小刚を食事に招待したい
　　　　Yīnwei yào qǐng Zhāng Xiǎogāng chī fàn.　から。

　❸ 因为要挣钱去旅游。　　　　　お金を稼いで旅行に行きた
　　　　Yīnwei yào zhèng qián qù lǚyóu.　いから。

　　④ 因为春假要去京都。　　　　　春休みに京都に行きたいか
　　　　Yīnwei chūnjià yào qù Jīngdū.　ら。

34 (8) 問：小刚的老家在哪里?　　　　　小剛の郷里はどこですか。
　　　　Xiǎogāng de lǎojiā zài nǎli?

　答：❶ 在广州。　　Zài Guǎngzhōu.　　广州。

　　② 在韩国。　　Zài Hánguó.　　　韓国。

　　③ 在北海道。Zài Běihǎi Dào.　　北海道。

　　④ 在京都。　　Zài Jīngdū.　　　京都。

35 (9) 問：我妈妈怎么去超市?　　　　　ぼくの母はどうやってスー
　　　　Wǒ māma zěnme qù chāoshì?　　パーに行きますか。

　答：① 经常开车去。　　　　　　　いつも車で行く。
　　　　Jīngcháng kāichē qù.

　　❷ 经常骑自行车去。　　　　　いつも自転車で行く。
　　　　Jīngcháng qí zìxíngchē qù.

　　③ 经常跟我一起去。　　　　　いつもぼくと一緒に行く。
　　　　Jīngcháng gēn wǒ yìqǐ qù.

　　④ 经常走着去。　　　　　　　いつも歩いて行く。
　　　　Jīngcháng zǒuzhe qù.

36 (10) 問：我妈妈今天打算做什么菜?　　ぼくの母はきょう何料理を
　　　　Wǒ māma jīntiān dǎsuan zuò shénme cài?　作るつもりですか。

　答：① 日本菜。Rìběn cài.　　　　日本料理。

　　❷ 法国菜。Fǎguó cài.　　　　フランス料理。

　　③ 中国菜。Zhōngguó cài.　　　中華料理。

　　④ 韩国菜。Hánguó cài.　　　　韓国料理。

1 ピンイン表記・声調

解答：(1)❹　(2)❷　(3)❷　(4)❹　(5)❶　(6)❸　(7)❷　(8)❸　(9)❶　(10)❹

1．2音節の単語の声調パターンが身に付いているかどうかを問うています。単語を覚えるときは，漢字の書き方や意味だけでなしに声調もしっかり身に付けましょう。声調パターンは97頁の「2音節語の声調の組み合わせ」を繰り返し音読して身に付けましょう。

(2点×5)

(1) 医院 yīyuàn（病院）
① 杂志 zázhì （雑誌）
② 交通 jiāotōng （交通）
③ 新闻 xīnwén （ニュース）
❹ 高兴 gāngxìng （うれしい）

(2) 滑雪 huáxuě（スキーをする）
① 雨衣 yǔyī （レインコート）
❷ 牛奶 niúnǎi （牛乳）
③ 历史 lìshǐ （歴史）
④ 已经 yǐjīng （すでに）

(3) 幸福 xìngfú（幸福だ）
① 利用 lìyòng （利用する）
❷ 练习 liànxí （練習する）
③ 国际 guójì （国際的な）
④ 健康 jiànkāng （健康だ）

(4) 寒假 hánjià（冬休み）
① 马上 mǎshàng （すぐに）
② 考试 kǎoshì （試験をする）
③ 写信 xiě xìn （手紙を書く）
❹ 容易 róngyì （やさしい）

(5) 重要 zhòngyào（大切だ）
❶ 睡觉 shuìjiào （寝る，眠る）
② 电影 diànyǐng （映画）
③ 文化 wénhuà （文化）
④ 外国 wàiguó （外国）

2. ピンインを正確に覚えているかどうかを問うています。正しく発音することが
できるかどうかは，ピンインによるチェックが効果的です。　　　　　　(2点×5)

(6) 经常（いつも）

　　① jīngchǎng　　② qīngchǎng　　❸ jīngcháng　　④ qīngcháng

(7) 安静（静かだ）

　　① ānjīng　　　　❷ ānjìng　　　　③ ànjīng　　　　④ ànjìng

(8) 介绍（紹介する）

　　① jièsào　　　　② qièsào　　　　❸ jièshào　　　④ qièshào

(9) 参观（見学する）

　　❶ cānguān　　　② kānguān　　　③ cānguàn　　　④ kānguàn

(10) 身体（体）

　　① xīntǐ　　　　　② xīntí　　　　　③ shēntí　　　　❹ shēntǐ

---

2 空欄補充

解答：(1) ❸　(2) ❶　(3) ❹　(4) ❷　(5) ❶　(6) ❹　(7) ❸　(8) ❷　(9) ❷　(10) ❸

空欄に入る語はいずれも文法上のキーワードです。　　　　　　　　(2点×10)

(1) 我经常（ 给 ）妈妈打电话。　　　　　　　わたしはよく母に電話をします。
　　Wǒ jīngcháng gěi māma dǎ diànhuà.

　　① 向 xiàng　　② 对 duì　　❸ 给 gěi　　④ 往 wǎng

> 　介詞の問題です。①は動作の向かう方向「…に向かって」，②は動作
> の対象「…に対して」，③は処置を加える動作の対象物を示す「…（相手）
> に」，④は方向を表し「…に向けて」という意味です。動作の対象を示
> す③が正解です。

(2) 我昨天是坐地铁来（ 的 ）。　　　　　　わたしはきのう地下鉄で来たの
　　Wǒ zuótiān shì zuò dìtiě lái de.　　　　です。

　　❶ 的 de　　　② 了 le　　　③ 过 guo　　　④ 着 zhe

> 　②は動作の完了を示し，③は経験を表し，④は動作の持続を表します。
> ①が動詞の後に付くのは"是…的"構文においてです。過去の動作につ
> いて，それが行われた場所，時間，方法などを説明しているので，①が

86

正解です。

(3) 他的提案（ 被 ）大家否决了。　　　　　彼の提案は皆から否決されまし
Tā de tí'àn bèi dàjiā fǒujué le.　　　　　た。

① 从 cóng　　② 使 shǐ　　③ 到 dào　　❹ 被 bèi

　　①は「…から」と起点を表し，②は「…に…させる」という意味の使
役動詞で，③は「…に至る」と行為の目的に達することを表し，④は「…
に…される」と受身文の動作主を導きます。受身文を作る場合に用いる
④が正解です。

(4) 你什么时候（ 都 ）可以来找我。　　　　あなたはいつわたしを訪ねて来
Nǐ shénme shíhou dōu kěyǐ lái zhǎo wǒ.　　てもいいですよ。

① 就 jiù　　❷ 都 dōu　　③ 又 yòu　　④ 更 gèng

　　①は「すぐに」と短時間内にある動作がされることを表し，②は「み
な，すべて」，③は「また」と過去の動作の繰り返しを表し，④は「さ
らに，より一層」という意味です。"什么时候"を受けて「例外なしに」
という意味になる②が正解です。

(5) 妈妈（ 让 ）她去买面包。　　　　　　　お母さんは彼女にパンを買いに
Māma ràng tā qù mǎi miànbāo.　　　　　　行かせます。

❶ 让 ràng　　② 被 bèi　　③ 把 bǎ　　④ 向 xiàng

　　①は「…に…させる」という使役の意味と「…に…される」という受
身の意味を表す用法があります。②は「…に…される」と受身文の動作
主を導き，③は「…を」と動作の対象物を示し，④は「…に向かって」
と動作の方向を導きます。使役文に使われる①が正解です。

(6) 她很热情（ 地 ）招待客人。　　　　　　彼女はとても温かくお客さん
Tā hěn rèqíng de zhāodài kèrén.　　　　　をもてなします。

① 了 le　　② 得 de　　③ 的 de　　❹ 地 de

　　助詞の問題です。助詞"地"は動詞の前に置いて連用修飾語を作りま
す。"热情"を"招待客人"に導く④が正解です。①は動作の完了を表し，
②は様態補語や可能補語を導き，③は名詞を修飾する語句の後に置かれ

ます。

(7) 屋子里 （ 放 ）着一张桌子。　　　　　　　部屋には机が1台置いてあり
　　Wūzi li fàngzhe yì zhāng zhuōzi.　　　　　　ます。

　　① 挂 guà　　　　② 坐 zuò　　　　❸ 放 fàng　　　④ 站 zhàn

　　　　人やものの存在あるいは出現を表す存現文は，「場所・時間＋動詞＋
　　その他の成分（助詞など）＋人・モノ」という語順です。存在するもの
　　は“一张桌子”ですから，「置く」という意味の③が正解です。①は「掛
　　ける」，②は「座る」，④は「立つ」という意味です。

(8) 我 （ 把 ）手机忘在家里了。　　　　　　　わたしは携帯電話を家に忘れ
　　Wǒ bǎ shǒujī wàngzài jiāli le.　　　　　　てしまいました。

　　① 往 wǎng　　　❷ 把 bǎ　　　　③ 让 ràng　　　④ 给 gěi

　　　　「…を」と目的語を動詞の前に出して処置を加えることを表す介詞②
　　が正解です。処置を表す“把”構文は「主語＋“把”＋目的語＋動詞＋そ
　　の他の成分」の語順です。①は「…へ」，③は「…に…させる」あるい
　　は「…に…される」，④は「与える」あるいは「…に」という意味です。

(9) 大家都愿意听，请你继续说 （ 下去 ）。　　　皆さん聞きたがっていますか
　　Dàjiā dōu yuànyì tīng, qǐng nǐ jìxù shuōxiaqu.　ら，どうぞお話を続けてくだ
　　　　　　　　　　　　　　　　　　　　　　　さい。

　　① 下来 xialai　　❷ 下去 xiaqu　　③ 上来 shanglai　④ 上去 shangqu

　　　　複合方向補語の問題です。複合方向補語は動作の方向を表す用法のほ
　　かに，比喩的な意味を表す用法があります。①は「降りてくる」が原義
　　ですが，「…し続けてきた」あるいは「静止に向かう」という意味もあり，
　　②は「降りていく」が原義ですが，「続けていく」という意味も表します。
　　③は「上がってくる」が原義で，「出現する」などの意味もあり，④は「上
　　がっていく」という意味です。動作の継続を表す②が正解です。

(10) 我 （ 虽然 ）很想去旅游，但是没有时间。　わたしは旅行に行きたいけれ
　　Wǒ suīrán hěn xiǎng qù lǚyóu, dànshì méiyǒu　ど，時間がありません。
　　shíjiān.

　　① 只有 zhǐyǒu　　② 不管 bùguǎn　　❸ 虽然 suīrán　　④ 如果 rúguǒ

"但是" と呼応して用い,「…だけれども」という逆接関係を表す③が正解です。①は「…してこそ」,②は「…にかかわらず」,④は「もし…なら」という意味です。

3 語順選択

解答：(1)❷　(2)❹　(3)❶　(4)❶　(5)❸　(6)❶　(7)❷　(8)❸　(9)❸　(10)❹

1. 文法上のキーワードを含む基本的な文を正確に組み立てることができるかどうかを問うています。　　　　　　　　　　　　　　　　　　　　　　　　　　(2点 × 5)

(1) まだ何か言いたいことはありますか。

① 什么要说的还有吗?

❷ 还有什么要说的吗?　Hái yǒu shénme yào shuō de ma?

③ 还有要说的什么吗?

④ 还要说什么的有吗?

> 「何か言いたいこと」は"什么要说的"です。これを目的語として動詞"有"の後ろに置きます。"还"（まだ）は副詞ですから動詞の前に置きます。

(2) わたしはまだ宿題をやり終えていません。

① 我做完还没作业。

② 我作业还做没完。

③ 我做作业还没完。

❹ 我还没做完作业。　Wǒ hái méi zuòwán zuòyè.

> 「宿題をやり終える」は"做完作业"で,否定を表す副詞"没"はその前に置きます。"还"は副詞ですから,動詞句"没做完作业"の前に置きます。

(3) わたしは彼女に1度会ったことがあります。

❶ 我跟她见过一次面。　Wǒ gēn tā jiànguo yí cì miàn.

② 我跟她见面过一次。

③ 我一次跟她见过面。

④ 我见面过一次跟她。

> "见面"は「動詞＋目的語」構造の離合詞ですから，「彼女に会う」は "跟她见面"です。経験を表す動態助詞"过"は動詞"见"の後に置き，動量詞"一次"は補語として離合詞"见面"の間に割って入り，"见过"の後に置きます。「動詞＋動量詞＋目的語」の語順に並べて"见过一次面"とします。

(4) 彼女はたった１か月でマスターしました。

❶ 她只用一个月就学会了。Tā zhǐ yòng yí ge yuè jiù xuéhuì le.

② 她只就用一个月学会了。

③ 她就学会了只用一个月。

④ 她就学会了用只一个月。

> 「1か月で」は"用一个月"です。"只"は副詞ですから，その前に置き，その後を「早くも」という意味を表す"就"で受けて"学会了"につなげます。

(5) この文章を中国語に訳してください。

① 请把这篇文章翻译中文成。

② 请把这篇文章中文成翻译。

❸ 请把这篇文章翻译成中文。

　Qǐng bǎ zhè piān wénzhāng fānyìchéng Zhōngwén.

④ 请把这篇文章成中文翻译。

> 目的語に対して処置を加えるニュアンスを表すときに用いる"把"構文で表現します。"把"構文は「主語＋"把"＋目的語＋動詞＋その他の成分」の語順です。「中国語に訳す」は，「動詞＋結果補語」の形で"翻译成中文"です。

2. 与えられた語句を用いて正確に文を組み立てることができるかどうかを問うています。

(2点×5)

(6) 今回の試験は前回よりずっと易しい。

这次考试　②　比　④　上次　［　❶　容易　］　③　得多。

Zhè cì kǎoshì bǐ shàng cì róngyìde duō.

「AはBより…だ」は「A +“比”+ B +…」の語順をとります。「ずっと…だ」は「形容詞+“得多”」の文型を用い，差が大きいことを表します。「ずっと易しい」は“容易得多”です。

(7) 壁に1枚の水墨画が掛けてあります。

　　墙上　③挂　〔　❷着　〕　④一幅　①水墨画。
　　Qiángshang guàzhe yì fú shuǐmòhuà.

　　　　「掛けてある」は“挂着”です。存現文は「場所・時間+動詞+助詞や補語+人・モノ」という語順です。動詞の後ろにくる人・モノが意味上の主語となります。

(8) わたしは映画を観る時間がありません。

　　我　④没有　〔　❸时间　〕　②看　①电影。
　　Wǒ méiyǒu shíjiān kàn diànyǐng.

　　　　まず“没有时间”と言っておいて，その“时间”について，“看电影”と後ろから補足説明する連動文です。

(9) あなたはどうしてこんなに遅く来たのですか。

　　你　①怎么　②这么　④晚　〔　❸才　〕　来?
　　Nǐ zěnme zhème wǎn cái lái?

　　　　「どうしてこんなに…」は“怎么这么…”と表現し，“晚”（時間が遅い）を後に続けます。「やっと」という意味の副詞“才”は動詞の直前に置かれます。

(10) 昨年わたしは中国で2か月仕事をしました。

　　去年我　②在中国　〔　❹工作　〕　③了　①两个月。
　　Qùnián wǒ zài Zhōngguó gōngzuòle liǎng ge yuè.

　　　　「（場所）で…する」は「“在”+場所+動詞」という語順で表します。「2か月仕事をする」は「動詞+時間量」の語順に並べて“工作两个月”とします。

解答：(1) ❶ (2) ❷ (3) ❹ (4) ❷ (5) ❸ (6) ❸

まとまった内容の長文を正確に理解できるかどうかを問うています。

　　我来东京已经十五年了，(1)由于 工作的关系，每个春节都不能回国。古人说："每逢佳节倍思亲"，意思是一到节日的时候，就会更加想念远方的亲人。每年春节，我都会体验一次这种感受。在东京，虽然可以包饺子，也看 (2)得 到春节联欢晚会的电视节目，但总觉得缺少点儿什么。对于中国人来说，春节的特殊意义就在于家人团圆，朋友欢聚。　　　　　　　　　　　　　　　　 5

　　但是，没有想到今年春节前后有很多亲戚和朋友都来日本了。我在东京享受到了家人团圆、朋友欢聚的快乐。春节期间，我们家几乎天天有客人来，房间里放满了他们 (3)从 中国带来的礼物。看到家里来了这么多客人，我五岁的女儿非常高兴。她去年曾经跟妈妈回中国过春节，还记得中国过春节的热闹气氛。　　　　　　　　　　　　　　　　　　　　　　 10

　　(6)女儿问我："爸爸，是不是日本也开始过春节了？"我不由得笑了，跟她说："不是的，中国有一个大书法家叫颜真卿，他一千二百多年前写的字，现在在东京国立博物馆展览呢。(4)这可是难得一见的宝物，咱们家的亲戚朋友都没见过，想亲眼看看。(5)为了 看这件宝物，他们都到东京来了。"

　　Wǒ lái Dōngjīng yǐjīng shíwǔ nián le, yóuyú gōngzuò de guānxi, měi ge Chūnjié dōu bù néng huí guó. Gǔrén shuō: "Měi féng jiājié bèi sī qīn", yìsi shì yí dào jiérì de shíhou, jiù huì gèngjiā xiǎngniàn yuǎnfāng de qīnrén. Měi nián Chūnjié, wǒ dōu huì tǐyàn yí cì zhè zhǒng gǎnshòu. Zài Dōngjīng, suīrán kěyǐ bāo jiǎozi, yě kàn de dào Chūnjié Liánhuān Wǎnhuì de diànshì jiémù, dàn zǒng juéde quēshǎo diǎnr shénme. Duìyú Zhōngguórén lái shuō, Chūnjié de tèshū yìyì jiù zàiyú jiārén tuányuán, péngyou huānjù.

　　Dànshì, méiyou xiǎngdào jīnnián Chūnjié qiánhòu yǒu hěn duō qīnqi hé péngyou dōu lái Rìběn le. Wǒ zài Dōngjīng xiǎngshòudàole jiārén tuányuán、péngyou huānjù de kuàilè. Chūnjié qījiān, wǒmen jiā jīhū tiāntiān yǒu kèrén lái, fángjiān li fàngmǎnle tāmen cóng Zhōngguó dàilai de lǐwù. Kàndào jiāli láile zhème duō kèrén, wǒ wǔ suì de nǚ'ér fēicháng gāoxìng. Tā qùnián céngjīng gēn māma huí Zhōngguó guò Chūnjié, hái jìde Zhōngguó guò Chūnjié de rènao qìfēn.

　　Nǚ'ér wèn wǒ: "Bàba, shì bu shì Rìběn yě kāishǐ guò Chūnjié le?" Wǒ bùyóude xiào le, gēn tā shuō: "Bú shì de, Zhōngguó yǒu yí ge dà shūfǎjiā jiào Yán Zhēnqīng, tā yìqiān èrbǎi duō nián qián xiě de zì, xiànzài zài Dōngjīng Guólì Bówùguǎn zhǎnlǎn ne. Zhè kě shì nándé-yíjiàn de bǎowù, zánmen jiā de qīnqi péngyou dōu méi jiànguo, xiǎng qīnyǎn kànkan. ⟨Wèile⟩ kàn zhè jiàn bǎowù, tāmen dōu dào Dōngjīng lái le."

訳：わたしは東京に来てもう 15 年になります。仕事の関係で，毎年春節に帰国することができません。昔から「節句のたびに遠くの家族がひとしお思われる」と言われています。「祝祭日のときになると，遠くの家族のことを懐かしむ思いがより一層つのる」という意味です。春節のたびにわたしはいつもこんな思いを味わうのです。東京でもギョーザを作り，「春節聯歓晩会」のテレビ番組を見ることはできますが，どうしても何かが少し欠けている感じがします。中国人にとって，春節の特別な意味は家族の団らんと友人たちが集うことにあるのです。

　しかし，今年の春節前後には思いがけずたくさんの親戚や友人たちが日本にやって来ました。わたしは東京で家族団らんと友人たちが集う楽しさを味わうことになったのです。春節の期間，わが家はほとんど毎日お客さんが来て，部屋の中は彼らが中国から持ってきたおみやげでいっぱいになりました。家にこんなにたくさんのお客さんが来たのを見て，わたしの 5 歳になる娘はとてもよろこびました。彼女は去年母親と中国に帰って春節を過ごしたので，中国の春節を祝うにぎやかな雰囲気をまだ覚えているのです。

　(6)娘はわたしに「お父さん，日本でも春節のお祝いを始めたの？」と尋ねました。わたしは思わず笑ってしまい，娘に「そうじゃないよ。中国に顔真卿という偉い書道家がいて，その人が 1200 年余り前に書いた字がいま東京国立博物館で展示されているんだ。(4)これがなかなか見られない宝物で，うちの親戚や友達はみんな見たことがないから自分の目で観てみたいんだ。この宝物を観るために，みんな東京にやって来たのさ」と言いました。

(1) 空欄補充　　　　　　　　　　　　　　　　　　　　　　　　　　（3点）

　❶ 由于 yóuyú　　② 尽管 jǐnguǎn　　③ 不论 búlùn　　④ 如果 rúguǒ

　　①は「…なので」と因果関係を，②は「…であるけれども」と逆接関係を，③は「…にかかわらず」と無条件であることを，④は「もし…なら」という仮定条件を表します。文脈から①が正解です。

(2) 空欄補充　　　　　　　　　　　　　　　　　　　　　　　　　　（3点）

　① 能 néng　　❷ 得 de　　③ 会 huì　　④ 着 zhe

93

「動詞＋“得”＋補語」で「…できる」という可能補語を構成します。「見ることができる」は“看得到”です。

(3) 空欄補充　　　　　　　　　　　　　　　　　　　　　　　　　（3点）

① 向 xiàng　　② 离 lí　　③ 给 gěi　　❹ 从 cóng

　介詞の問題です。①は「…に向かって」と動作の向かう方向を，②は「…から」と時間的・空間的な隔たりの基点を，③は「…（相手）に」と動作・行為の受益者を，④は「…（起点）から」と場所や時間の起点を導きます。「中国から」という意味で，起点を表す④が正解です。

(4) 下線部解釈　　　　　　　　　　　　　　　　　　　　　　　　（4点）

① これはなかなか手に入らない宝物です。

❷ これはなかなか見られない宝物です。

③ これはしかし目に見えない宝物です。

④ これはしかし1度しか見られない宝物です。

　この“可”は「実に」「まったく」と強調を表す用法です。“难得一见”は「ひと目見るのも難しい」という意味です。

(5) 空欄補充　　　　　　　　　　　　　　　　　　　　　　　　　（3点）

① 关于 guānyú　　② 通过 tōngguò　　❸ 为了 wèile　　④ 对于 duìyú

　「…するために」という目的を表す介詞である③が正解です。①は「…に関して」，②は「…を通じて」，④は「…について」という意味です。

(6) 内容の一致　　　　　　　　　　　　　　　　　　　　　　　　（4点）

① 我和我爱人一直都没有回中国过春节。
　　Wǒ hé wǒ àiren yìzhí dōu méiyou huí Zhōngguó guò Chūnjié.
　　わたしと妻はずっと中国に帰って春節を過ごしていない。

② 我送给来东京的亲人朋友们很多礼物。
　　Wǒ sònggěi lái Dōngjīng de qīnrén péngyoumen hěn duō lǐwù.
　　わたしは東京に来た親戚や友人たちにたくさんプレゼントの品を贈った。

❸ 我女儿不理解家里为什么会来这么多人。
　　Wǒ nǚ'ér bù lǐjiě jiāli wèi shénme huì lái zhème duō rén.
　　わたしの娘は家にどうしてこんなにたくさんの人が来たのか分からなかった。

④ 在东京不可能体验到亲人朋友欢聚的快乐。

Zài Dōngjīng bù kěnéng tǐyàndào qīnrén péngyou huānjù de kuàilè.

東京では親戚や友人が集う楽しさを味わうことはできない。

> 第2段落の"她去年曾经跟妈妈回中国过春节"や"我在东京享受到了家人团圆、朋友欢聚的快乐"から①④は一致しません。第2段落に"房间里放满了他们从中国带来的礼物"とありますが，文中には②に触れているところはありません。最終段落に"女儿问我：'爸爸，是不是日本也开始过春节了？'我不由得笑了…"とあり，③が一致します。

5 日文中訳 (4点×5)

(1) わたしは彼らと一緒に食事に行くつもりです。

我打算跟他们一起去吃饭。

Wǒ dǎsuan gēn tāmen yìqǐ qù chī fàn.

> 「…するつもり」は"打算…"あるいは"准备…"を用います。「彼らと一緒に」は"跟他们一起"です。

(2) わたしはコンビニでコーヒーを2杯買いました。

我在便利店买了两杯咖啡。

Wǒ zài biànlìdiàn mǎile liǎng bēi kāfēi.

> 「コンビニで買う」は"在便利店买"とします。動詞の目的語が「2杯」のように数量表現を修飾語として伴う場合，動作の完了を表す"了"は動詞の直後に付け，その後に目的語の"两杯咖啡"を置き，"买了两杯咖啡"とします。

(3) もし時間があれば，わたしは行きます。

要是有时间（的话），我就去。

Yàoshi yǒu shíjiān (dehuà), wǒ jiù qù.

> 「もし…なら，…」は仮定を表す"要是…，就…"の複文を使って訳します。"要是"の代わりに"如果""假如"などを使ってもかまいません。"要是"を省略して"有时间的话，…"とすることもできます。

⑷ あなたは中国語の小説を読んで分かりますか。

你看得懂中文小说吗?

Nǐ kàndedǒng Zhōngwén xiǎoshuō ma?

> 「読んで分かる」は可能補語を用いて"看得懂"とします。助動詞を用いて"能看懂"としてもかまいません。助動詞と可能補語を両方用いて"能看得懂"と訳すこともでき，反復疑問文を用いて"能不能…""看得懂看不懂…"と訳すこともできます。

⑸ 東京から大連まで飛行機でどのくらい時間がかかりますか。

从东京到大连坐飞机要多长时间?

Cóng Dōngjīng dào Dàlián zuò fēijī yào duō cháng shíjiān?

> 「東京から大連まで」は"从东京到大连"とします。「飛行機で」は"坐飞机"，「かかる」は"要"のほかに"需要""花""用""得(děi)"を用いることもできます。「どのくらい（の）時間」は"多长时间"と訳します。

96

2 音節語の声調の組み合わせ

　中検4級および3級の試験において，これまでに声調の組み合わせを問う問題として出題された単語の一部を下に掲げる。各組み合わせ5語のうち初めの3語は名詞，後の2語は動詞または形容詞である。繰り返し音読して2音節語の声調の組み合わせを身に付けられたい。

1 第1声＋第1声
- □ 餐厅 cāntīng　　食堂
- □ 飞机 fēijī　　飛行機
- □ 公司 gōngsī　　会社
- □ 出差 chūchāi　　出張する
- □ 开车 kāichē　　車を運転する

2 第1声＋第2声
- □ 公园 gōngyuán　公園
- □ 新闻 xīnwén　　ニュース
- □ 周围 zhōuwéi　　まわり，周囲
- □ 帮忙 bāngmáng　手伝う
- □ 光明 guāngmíng 明るい

3 第1声＋第3声
- □ 黑板 hēibǎn　　黒板
- □ 家长 jiāzhǎng　父兄，保護者
- □ 铅笔 qiānbǐ　　鉛筆
- □ 开始 kāishǐ　　始める
- □ 危险 wēixiǎn　危ない

4 第1声＋第4声
- □ 车站 chēzhàn　　駅
- □ 工作 gōngzuò　　仕事，業務
- □ 商店 shāngdiàn 商店，店
- □ 关照 guānzhào　世話をする
- □ 亲切 qīnqiè　　親密だ

5 第1声＋軽声
- □ 机器 jī·qì　　　機械
- □ 窗户 chuāng·hu　窓
- □ 西瓜 xī·guā　　スイカ
- □ 商量 shāng·liang 相談する
- □ 舒服 shū·fu　　気持ちがよい

6 第2声＋第1声
- □ 房间 fángjiān　部屋，ルーム
- □ 毛巾 máojīn　　タオル
- □ 钱包 qiánbāo　財布
- □ 滑冰 huábīng　スケートをする
- □ 年轻 niánqīng　年が若い

7 第2声＋第2声
- □ 厨房 chúfáng　台所，調理室
- □ 银行 yínháng　銀行
- □ 邮局 yóujú　　郵便局
- □ 学习 xuéxí　　学習する
- □ 头疼 tóuténg　頭が痛い

8 第2声＋第3声
- □ 传统 chuántǒng 伝統
- □ 啤酒 píjiǔ　　ビール
- □ 苹果 píngguǒ　リンゴ
- □ 游泳 yóuyǒng　泳ぐ
- □ 明显 míngxiǎn　はっきりしている

9 第2声＋第4声
- □ 环境 huánjìng　環境，状況
- □ 节目 jiémù　　番組
- □ 名片 míngpiàn　名刺
- □ 同意 tóngyì　　同意する
- □ 流利 liúlì　　流暢だ

10 第2声＋軽声
- □ 孩子 hái·zi　　子供
- □ 名字 míng·zi　名前
- □ 朋友 péng·you　友人
- □ 觉得 jué·de　　覚える，感じる
- □ 便宜 pián·yi　値段が安い

〈軽声について〉 軽声になる音節の前には chuāng·hu（窗户）のように・印を付けてある。xī·guā（西瓜），fù·qīn（父亲）のように・印の後の音節に声調が付いているものは，その音節が場合によって軽声にも非軽声にも発音されることを示している。

11 第3声＋第1声
- □ 海关 hǎiguān　　税関
- □ 老师 lǎoshī　　（学校の）先生
- □ 手机 shǒujī　　携帯電話
- □ 打工 dǎgōng　　アルバイトをする
- □ 主张 zhǔzhāng　　主張する

12 第3声＋第2声
- □ 导游 dǎoyóu　　旅行ガイド
- □ 法国 Fǎguó　　フランス
- □ 感情 gǎnqíng　　感情
- □ 解决 jiějué　　解決する
- □ 旅行 lǚxíng　　旅行する

13 第3声＋第3声
- □ 老板 lǎobǎn　　商店の主人
- □ 手表 shǒubiǎo　　腕時計
- □ 水果 shuǐguǒ　　果物
- □ 洗澡 xǐzǎo　　入浴する
- □ 理想 lǐxiǎng　　理想的だ

14 第3声＋第4声
- □ 比赛 bǐsài　　競技，試合
- □ 礼物 lǐwù　　贈り物
- □ 领带 lǐngdài　　ネクタイ
- □ 访问 fǎngwèn　　訪ねる
- □ 满意 mǎnyì　　満足する

15 第3声＋軽声
- □ 耳朵 ěr·duo　　耳
- □ 口袋 kǒu·dai　　ポケット
- □ 眼睛 yǎn·jing　　目
- □ 喜欢 xǐ·huan　　好む，愛する
- □ 暖和 nuǎn·huo　　暖かい

16 第4声＋第1声
- □ 电梯 diàntī　　エレベーター
- □ 故乡 gùxiāng　　故郷，ふるさと
- □ 面包 miànbāo　　パン
- □ 上班 shàngbān　　出勤する
- □ 健康 jiànkāng　　健康だ

17 第4声＋第2声
- □ 课文 kèwén　　テキストの本文
- □ 面条 miàntiáo　　うどん
- □ 问题 wèntí　　問題，質問
- □ 上学 shàngxué　　学校へ行く
- □ 复杂 fùzá　　複雑だ

18 第4声＋第3声
- □ 傍晚 bàngwǎn　　夕方，日暮れ
- □ 报纸 bàozhǐ　　新聞
- □ 电脑 diànnǎo　　コンピューター
- □ 跳舞 tiàowǔ　　ダンスをする
- □ 刻苦 kèkǔ　　苦労を重ねる

19 第4声＋第4声
- □ 电视 diànshì　　テレビ
- □ 饭店 fàndiàn　　ホテル
- □ 护照 hùzhào　　パスポート
- □ 毕业 bìyè　　卒業する
- □ 锻炼 duànliàn　　鍛える

20 第4声＋軽声
- □ 父亲 fù·qīn　　お父さん
- □ 豆腐 dòu·fu　　豆腐
- □ 态度 tài·dù　　態度，ふるまい
- □ 告诉 gào·su　　告げる，知らせる
- □ 厉害 lì·hai　　ひどい，激しい

中国語検定試験について

　一般財団法人 日本中国語検定協会が実施し，中国語運用能力を認定する試験です。受験資格の制限はありません。また，目や耳，肢体などが不自由な方には特別対応を講じます。中国語検定試験の概要は以下のとおりです。詳しくは後掲（p.102）の日本中国語検定協会のホームページや，協会が発行する「受験案内」をご覧いただくか，協会に直接お問い合わせください。

認定基準と試験内容

準4級	**中国語学習の準備完了** 学習を進めていく上での基礎的知識を身につけていること。 （学習時間 60〜120 時間。一般大学の第二外国語における第一年度前期修了，高等学校における第一年度通年履修，中国語専門学校・講習会などにおける半年以上の学習程度。） 基礎単語約 500 語（簡体字を正しく書けること），ピンイン（表音ローマ字）の読み方と綴り方，単文の基本文型，簡単な日常挨拶語約 50〜80。
4　級	**中国語の基礎をマスター** 平易な中国語を聞き，話すことができること。 （学習時間 120〜200 時間。一般大学の第二外国語における第一年度履修程度。） 単語の意味，漢字のピンイン（表音ローマ字）への表記がえ，ピンインの漢字への表記がえ，常用語 500〜1,000 による中国語単文の日本語訳と日本語の中国語訳。
3　級	**自力で応用力を養いうる能力の保証（一般的事項のマスター）** 基本的な文章を読み，書くことができること。 簡単な日常会話ができること。 （学習時間 200〜300 時間。一般大学の第二外国語における第二年度履修程度。） 単語の意味，漢字のピンイン（表音ローマ字）への表記がえ，ピンインの漢字への表記がえ，常用語 1,000〜2,000 による中国語複文の日本語訳と日本語の中国語訳。
2　級	**実務能力の基礎づくり完成の保証** 複文を含むやや高度な中国語の文章を読み，3 級程度の文章を書くことができること。 日常的な話題での会話が行えること。 単語・熟語・慣用句の日本語訳・中国語訳，多音語・軽声の問題，語句の用法の誤り指摘，100〜300 字程度の文章の日本語訳・中国語訳。

準1級	**実務に即従事しうる能力の保証（全般的事項のマスター）** 社会生活に必要な中国語を基本的に習得し，通常の文章の中国語訳・日本語訳，簡単な通訳ができること。 （一次）新聞・雑誌・文学作品・実用文などやや難度の高い文章の日本語訳・中国語訳。 （二次）簡単な日常会話と口頭での中文日訳及び日文中訳など。	
1　級	**高いレベルで中国語を駆使しうる能力の保証** 高度な読解力・表現力を有し，複雑な中国語及び日本語（例えば挨拶・講演・会議・会談など）の翻訳・通訳ができること。 （一次）時事用語も含む難度の高い文章の日本語訳・中国語訳。熟語・慣用句などを含む総合問題。 （二次）日本語と中国語の逐次通訳。	

日程と時間割

　準4級，4級，3級，2級及び準1級の一次試験は3月，6月，11月の第4日曜日の年3回，1級の一次試験は11月の第4日曜日の年1回実施します。

　一次試験は次の時間割で実施し，午前の級と午後の級は併願できます。

午　前			午　後		
級	集合時間	終了予定時間	級	集合時間	終了予定時間
準4級	10:00	11:15	4　級	13:30	15:25
3　級		11:55	2　級		15:45
準1級		12:15	1　級		15:45

　準1級と1級の二次試験は，一次試験合格者を対象に，一次が3月，6月の場合は5週間後，一次が11月の場合は1月の第2日曜日に実施します。（協会ホームページに日程掲載）

受験会場

　全国主要都市に35か所，海外は北京，上海，台北，シンガポールの4か所を予定しています（2021年5月現在）。二次試験は，準1級・1級を東京と大阪で実施します。

受験料

郵送またはインターネットで受付けます。

準4級	3,500 円
4 級	4,800 円
3 級	5,800 円
2 級	7,800 円
準1級	9,800 円
1 級	11,800 円

(2021 年 5 月現在)

出題・解答の方式，配点，合格基準点

級	種類	方式	配点	合格基準点
準4級	リスニング	選択式	50 点	60 点
	筆 記	選択式・記述式	50 点	
4 級	リスニング	選択式	100 点	60 点
	筆 記	選択式・記述式	100 点	60 点
3 級	リスニング	選択式	100 点	65 点
	筆 記	選択式・記述式	100 点	65 点
2 級	リスニング	選択式	100 点	70 点
	筆 記	選択式・記述式	100 点	70 点
準1級	リスニング	選択式・記述式	100 点	75 点
	筆 記	選択式・記述式	100 点	75 点
1 級	リスニング	選択式・記述式	100 点	85 点
	筆 記	選択式・記述式	100 点	85 点

・解答は，マークシートによる選択式及び一部記述式を取り入れています。また，
録音によるリスニングを課し，特に準1級・1級にはリスニングによる書き取
りを課しています。

・記述式の解答は，簡体字の使用を原則としますが，2級以上は特に指定された場合を除き，簡体字未習者の繁体字の使用は妨げません。但し，字体の混用は減点の対象となります。

・4級～1級は，リスニング・筆記ともに合格基準点に達していないと合格できません。準4級は合格基準点に達していてもリスニング試験を受けていないと不合格となります。

・合格基準点は，難易度を考慮して調整されることがあります。

二次試験内容

準1級は，面接委員との簡単な日常会話，口頭での中文日訳と日文中訳，指定されたテーマについての口述の3つの試験を行い，全体を通しての発音・イントネーション及び語彙・文法の運用能力の総合的な判定を行います。10～15分程度。合格基準点は75点／100点

1級は，面接委員が読む中国語長文の日本語訳と，日本語長文の中国語訳の2つの試験を行います。20～30分程度。合格基準点は各85点／100点

一般財団法人 日本中国語検定協会

〒103-8468　東京都中央区東日本橋 2-28-5 協和ビル

Tel：０３－５８４６－９７５１

Fax：０３－５８４６－９７５２

ホームページ：http://www.chuken.gr.jp

E-mail：info@chuken.gr.jp

試験結果データ（2020 年度実施分）

第100回	準 4 級	4 級	3 級	2 級	準 1 級	準 1 級二次	1 級一次	1 級二次
		L / W	L / W	L / W	L / W	□試	L / W	□試1/□試2
合格基準点	60	60/60	65/65	70/70	75/75	75	−	−
平均点	75.8	69.9/67.7	65.7/68.2	69.8/67.0	71.8/71.4	88.4	−	−
志願者数	1,002	1,600	1,776	878	281	100	−	−
受験者数	806	1,305	1,444	754	254	93	−	−
合格者数	657	795	673	292	95	89	−	−
合格率	81.5%	60.9%	46.6%	38.7%	37.4%	95.7%	−	−

第101回	準 4 級	4 級	3 級	2 級	準 1 級一次	準 1 級二次	1 級一次	1 級二次
		L / W	L / W	L / W	L / W	□試	L / W	□試1/□試2
合格基準点	60	60(55)/60(55)	65(60)/65	70/70(65)	75/75(70)	75	85/85	85/85
平均点	72.6	61.2/67.3	63.8/71.4	62.0/61.4	66.2/56.9	88.7	68.1/69.4	85.7/76.7
志願者数	2,333	2,732	2,995	1,751	546	99	212	16
受験者数	2,108	2,340	2,614	1,567	481	88	195	13
合格者数	1,692	1,305	1,381	474	95	86	14	6
合格率	80.3%	55.8%	52.8%	30.2%	19.8%	97.7%	7.2%	46.2%

第102回	準 4 級	4 級	3 級	2 級	準 1 級一次	準 1 級二次	1 級一次	1 級二次
		L / W	L / W	L / W	L / W	□試	L / W	□試1/□試2
合格基準点	60	60/60	65/65	70/70	75/75	75	−	−
平均点	69.1	64.9/72.2	66.8/69.5	67.9/67.1	73.6/67.2	87.4	−	−
志願者数	1,789	2,719	2,591	1,405	443	133	−	−
受験者数	1,554	2,314	2,255	1,274	399	130	−	−
合格者数	1,094	1,356	1,074	485	127	127	−	−
合格率	70.4%	58.6%	47.6%	38.1%	31.8%	97.7%	−	−

※　二次志願者数には，一次試験免除者を含みます。
※　合格基準点欄（　）内の数字は，難易度を考慮して当該回のみ適用された基準点です。

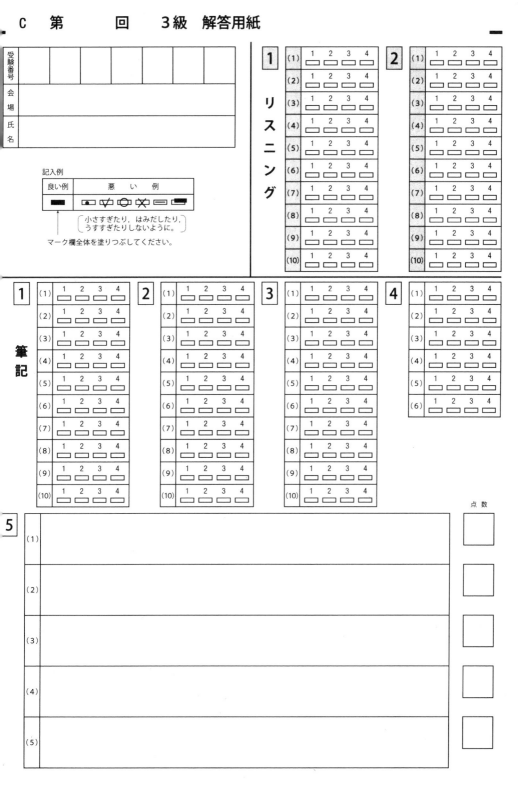

カバーデザイン：トミタ制作室

音声ダウンロード

中検３級試験問題2021［第100・101・102回］解答と解説

2021 年 6 月 3 日　　初版印刷
2021 年 6 月 10 日　　初版発行

編　者　一般財団法人 日本中国語検定協会
発行者　佐藤康夫
発行所　白 帝 社

〒 171-0014　東京都豊島区池袋 2-65-1
TEL 03-3986-3271　FAX 03-3986-3272
info@hakuteisha.co.jp　http://www.hakuteisha.co.jp/
印刷 倉敷印刷(株)／製本 (株)ティーケー出版印刷

本物の中国語の発音を目指す学習者のために

音声ダウンロード

呉志剛先生の
中国語発音教室
声調の組合せ徹底練習

上野恵司 監修　呉志剛 著

■模範朗読を聴きながら，四声の組合せ，および音声と音声とをつなげて発音するリズムとコツを身につけ，更に滑らかな本物の中国語の発音を目指します。

◆ A5 判　128p
◆ 定価 ［本体 2200 円＋税］

ISBN　978-4-86398-207-9

白帝社刊